新能源汽车职业教育产教融合创新教材

# 新能源汽车底盘技术与检修

## 实训工单与习题

主 编 陈 雷 徐 伟

机械工业出版社

# CONTENTS
# 目　录

## 习题部分

## 实训工单部分

# 习题部分

学习场一 走进新能源汽车

## 一、单选题

1. 2023 年，全球电动汽车销量排行第一的是（　　　）。

 A．比亚迪　　　　　B．特斯拉　　　　　C．宝马　　　　　　D．大众

2. 世界上第一台混合动力汽车出现于（　　）年。

 A．1901　　　　　　B．1902　　　　　　C．1903　　　　　　D．1904

3. 世界上第一辆可使用的氢燃料电池汽车由美国通用汽车公司制造，于（　　）年问世。

 A．1965　　　　　　B．1966　　　　　　C．1967　　　　　　D．1968

4. 氢气汽车也称氢动力汽车或氢燃料汽车，排放出的是（　　　）。

 A．清洁水　　　　　B．纯净水　　　　　C．二氧化碳　　　　D．氢气

5. 新能源汽车传动系统的功用是将（　　）的动力（转矩）按要求传递到驱动轮上，使地面对驱动轮产生驱动力。

 A．发动机　　　　　B．电机　　　　　　C．发动机或电机　　D．变速器

6. （　　　）纯电动汽车的结构采用两台电机，通过固定速比减速器来分别驱动两个车轮，能够实现对每个电机转速的独立调节。

 A．机械传动型　　　B．无变速器型　　　C．无差速器型　　　D．电动轮型

7. （　　　）是一种配有外接充电和车载供电功能的纯电动汽车。

 A．混合动力汽车　　　　　　　　　　　B．纯电动汽车

 C．氢气汽车　　　　　　　　　　　　　D．增程式纯电动汽车

8. （　　　）混合动力系统在城市公交车上使用较多。

 A．串联式　　　　　B．并联式　　　　　C．混联式　　　　　D．复合式

9. （　　　）混合动力系统结构简单，成本低，适用于多种行驶工况，尤其适用于复杂的路况，所以在轿车上应用较多。

 A．串联式　　　　　B．并联式　　　　　C．混联式　　　　　D．复合式

10. 新能源汽车电池车身一体化技术是将电芯直接集成到（　　　）上。

 A．行李舱　　　　　B．发动机舱　　　　C．底盘　　　　　　D．车身

11. 测量高压电缆及零部件对车身绝缘电阻是否位于规定值范围内需使用（　　　）。

 A．电阻表　　　　　B．绝缘电阻表　　　C．万用表　　　　　D．电阻仪

## 二、多选题

1. 新能源汽车按油电分配比例分类，包括（　　　）。
   A. ICE  B. HEV  C. PHEV  D. BEV
2. 纯电动汽车的电驱动子系统由（　　　）和车轮组成。
   A. 电子控制器  B. 功率转换器  C. 电机  D. 机械传动装置
3. 燃气类燃料汽车简称燃气汽车，是指（　　　）作为燃料的汽车。
   A. 压缩天然气（CNG）  B. 液化石油气（LPG）
   C. 液化天然气（LNG）  D. 家用燃气
4. 混合动力汽车根据动力系统结构型式分类可分为（　　　）。
   A. 串联式  B. 并联式  C. 混联式  D. 复合式
5. 按照我国汽车行业标准中对混合动力汽车的分类和定义，将混合动力汽车按电机峰值功率（电机的瞬间最大功率）占发动机功率的百分比分为（　　　）四种。
   A. 微混  B. 轻混  C. 中混  D. 重混
6. 新能源汽车的全线控技术是在底盘上集成（　　　）及三电系统，实现独立的底盘系统。
   A. 整车动力  B. 制动  C. 转向  D. 热管理
7. 防止触电的个人防护设备主要是（　　　）。
   A. 绝缘手套  B. 护目镜
   C. 绝缘鞋  D. 非化纤材质的衣服
8. 绝缘电阻表有（　　　）电阻表两种。
   A. 万用式  B. 数字式  C. 手摇式  D. 普通式

## 三、填空题

1. 新能源汽车按驱动系统获取能源方式分，包括_____、_____。
2. 纯电动汽车即全部采用电力驱动的汽车，其利用驱动电机来驱动车辆，由_____、_____和_____3个部分组成。
3. 纯电动汽车的能量管理系统主要对_____过程和_____过程进行有效的管理，监控_____的使用情况。
4. 小型新能源汽车专用号牌为_____；大型新能源汽车专用号牌为_____，汉字、数字和字母颜色均为_____。
5. 纯电动汽车分为_____、_____、_____及_____四种。
6. 纯电动汽车的驱动系统有_____方式和_____方式两种。
7. 按能否外接电源进行充电分类，混合动力汽车分为_____式混合动力和_____式混合动力。
8. 在新能源汽车总质量中，蓄电池质量与车身及配件的占比约为_____。

9. 测量额定电压在500V以下的设备或线路的绝缘电阻时，可选用_____绝缘电阻表；测量额定电压在500V以上的设备或线路的绝缘电阻时，应选用_____绝缘电阻表。

## 四、判断题

1. 电动汽车自诞生之日开始就一直处于高速发展阶段。（　　）
2. 在能源和环境的双重压力下，电动汽车迎来了复苏。（　　）
3. 对于燃料电池汽车和太阳能汽车、超级电容汽车等，实际上也可以归类到电动汽车类型中。（　　）
4. 纯电动汽车辅助动力源的作用是将主电源提供的电压转换成车内各辅助系统所需要的电压，为其提供电能。（　　）
5. 电动汽车的核心部分是控制部分。（　　）
6. 目前国内市场上，混合动力汽车的主流是汽油混合动力。（　　）
7. 燃料电池汽车是超低污染的汽车。（　　）
8. 在汽车上使用乙醇，可以提高燃料的辛烷值，增加氧含量，使发动机缸内燃烧更充分，可以降低废气中的有害物质。（　　）
9. 新能源汽车与传统汽车的车牌号码均为5位数。（　　）
10. 新能源汽车底盘与内燃机汽车底盘并无不同。（　　）
11. 机械传动型纯电动汽车的底盘结构是以燃油汽车为基础发展而来，所以，可选择功率很大的电机。（　　）
12. 目前国内还没有厂家推出轮毂驱动方式的纯电动汽车。（　　）
13. 混联式混合动力汽车目前在丰田普锐斯车型上应用较多。（　　）
14. 新能源汽车的行驶和转向系统与传统汽车并无本质区别。（　　）
15. 在维修新能源汽车的高压系统时必须使用电工专用绝缘工具。（　　）
16. 绝缘手套只要能承受1000V以上的工作电压就是满足要求的。（　　）
17. 新能源汽车维修时可不穿绝缘安全鞋。（　　）

## 五、简答题

1. 新能源汽车的定义是什么？

2. 请画出纯电动汽车基本结构简图。

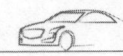

3. 纯电动汽车铭牌和混合动力汽车铭牌主要包括哪些内容？

4. 新能源汽车底盘与内燃机汽车底盘相比有何不同？

5. 增程式纯电动汽车和插电式混合动力汽车的主要区别是什么？

6. 新能源汽车底盘技术与发展趋势分别是什么？

7. 列举你知道的几种警告标牌及禁止标识（至少五个）。

8. 奔驰、奥迪、丰田等多家跨国车企释放出了放缓汽车电动化转型节奏的信号，这是否会影响全球汽车产业电动化转型的大趋势？中国汽车坚定拥抱新能源转型是否正确？作为汽车从业者的你怎么看待？

## 学习场二　新能源汽车传动系统技术及检修

### 一、单选题

1. 目前纯电动汽车大多采用（　　）变速器。
   A. 单速　　　　　B. 无级　　　　　C. 有级　　　　　D. 双速
2. 单级式主减速器仅有一对（　　）进行传动。
   A. 圆柱齿轮　　　B. 锥齿轮　　　　C. 斜齿轮　　　　D. 齿轮齿条
3. 大多数新能源汽车采用（　　）布置形式。
   A. 前驱电机减速器　　　　　　　　　B. 后驱电机减速器
   C. 四驱双电机减速器　　　　　　　　D. 轮毂电机或轮边电机减速器

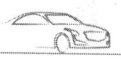

4. 当纯电动汽车采用前驱形式时，减速器通常安装于（　　　）。

    A. 前驱动桥　　　　B. 后驱动桥　　　　C. 前机舱内部　　　D. 前机舱下部

5. 在十字轴式刚性万向节中，相邻两轴的最大允许交角为（　　　）。

    A. 10°～15°　　　　B. 15°～20°　　　　C. 20°～25°　　　D. 25°～30°

6. 驱动桥与车架之间是（　　　）连接。

    A. 挠性　　　　　　B. 刚性　　　　　　C. 弹性　　　　　　D. 弹性或刚性

7. 纯电动客车和混合动力汽车广泛采用（　　　）。

    A. 手动变速器　　　　　　　　　　　B. 无级变速器

    C. 自动变速器　　　　　　　　　　　D. 有级变速器

8. 新能源汽车发动机或电机与驱动轮之间的动力传递装置称为（　　　）。

    A. 制动系统　　　　　　　　　　　　B. 传动系统

    C. 行驶系统　　　　　　　　　　　　D. 转向系统

9. 丰田的混合动力技术已经发展到了第（　　　）代。

    A. 1　　　　　　　　B. 2　　　　　　　　C. 3　　　　　　　　D. 4

10. （　　　）是汽车的基底，用于承受汽车的载荷和车轮传来的冲击。

    A. 车架　　　　　　B. 车桥　　　　　　C. 悬架　　　　　　D. 车轮

11. 宝马 X6 混合动力汽车通过集成在主动变速器内的两个（　　　）对传动比进行电动调节。（　　　）

    A. 齿轮组　　　　　B. 变速杆　　　　　C. 电机　　　　　　D. 齿轮

12. （　　　）指的是汽车在加速、减速或爬坡时，变速杆自动跳回空档位置。

    A. 挂挡困难　　　　B. 掉挡　　　　　　C. 乱挡　　　　　　D. 同时挂入两挡

13. 比亚迪 DM-i 混动系统的结构为（　　　）双电机结构。

    A. 串联或并联　　　B. 串联　　　　　　C. 串并联　　　　　D. 并联

14. 无级变速器的简称是（　　　）。

    A. CVT　　　　　　B. ECVT　　　　　C. DVT　　　　　　D. VCT

15. （　　　）离合器在应对低速工况和频繁起步工况时可以表现得更稳定，是双离合器变速器中普遍采用的一种。

    A. 手动　　　　　　B. 自动　　　　　　C. 干式　　　　　　D. 湿式

16. （　　　）检测变速杆位置（P、R、N、D、B）并发送信号至混合动力汽车控制 ECU 总成。

    A. 变速杆温度传感器　　　　　　　　B. 变速杆角度传感器

    C. 变速杆距离传感器　　　　　　　　D. 变速杆位置传感器

17. 下列选项中，不属于单级主减速器优点的是（　　　）。

    A. 结构简单　　　　　　　　　　　　B. 传动效率高

    C. 具有较大的传动比　　　　　　　　D. 体积小

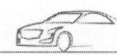

## 二、多选题

1. 在取消变速器的传动系统中,新能源汽车驱动桥为减速驱动桥,即(　　　)成为一体式传动。
   A. 万向传动装置　　B. 电机　　　　　　C. 减速器　　　　　D. 差速器
2. 根据新能源汽车的驱动形式,减速器的安装位置分为(　　　)。
   A. 前驱电机减速器　　　　　　　　　　B. 后驱电机减速器
   C. 四驱双电机减速器　　　　　　　　　D. 轮毂电机或轮边电机减速器
3. 从速度特性角度,万向传动装置可分为(　　　)。
   A. 普通万向节　　　　　　　　　　　　B. 高速万向节
   C. 准等角速万向节　　　　　　　　　　D. 等角速万向节
4. 丰田的混合动力变速器按发展阶段包括(　　　)。
   A. P110　　　　　　B. P310　　　　　　C. P410　　　　　D. P610
5. 宝马 X6 混合动力汽车主动变速器内部状态包括(　　　)。
   A. "没有动力传输"的状态　　　　　　B. ECVT1 模式
   C. ECVT2 模式　　　　　　　　　　　D. 4 个固定的基本挡位
6. 比亚迪第四代 DM-i 插电式混合动力系统,与第一代 DM 相比,做了以下改进(　　　)。
   A. 增加了电机功率　　　　　　　　　　B. 增大了蓄电池的容量
   C. 匹配了骁云 1.5T 插混专用发动机　　D. EHS 混动专用变速器
7. 比亚迪 EHS 系统包括(　　　)等工作模式。
   A. 纯电　　　　　　B. 串联和并联　　　C. 动能回收　　　D. 发动机直驱
8. 双离合器变速器分为两大类:(　　　)离合变速器。
   A. 手动　　　　　　B. 自动　　　　　　C. 干式　　　　　D. 湿式
9. 驱动桥的常见故障有(　　　)。
   A. 过热　　　　　　B. 振动　　　　　　C. 漏油　　　　　D. 异响
10. 驱动桥主要包括(　　　)。
    A. 差速器　　　　　B. 减速器　　　　　C. 万向节　　　　D. 半轴

## 三、填空题

1. 减速器由一对或几对_____组成,具有_____的作用。
2. 传动比固定的主减速器为_____主减速器,装有两个档位传动比的主减速器为_____主减速器。
3. 差速器按其用途可分为_____和_____。
4. 对称式锥齿轮差速器主要由四个_____、_____(十字轴)、两个_____和_____等组成。
5. 万向传动装置一般由_____和_____组成。

6. 汽车底盘由_____、_____、_____和_____四部分组成。

7. 传动系统主要由_____、_____、_____、_____、_____等部分组成。

8. 传动轴有两种,_____和_____,但多为_____。

9. 半轴的内端一般通过_____和_____相连,外端和_____相连。

10. 当前,_____和_____广泛地应用于混合动力轿车,_____广泛应用于混合动力客车。

11. 丰田混合动力系统可最大限度地适应不同路况,主要有_____、_____、_____、_____、_____等工作状态。

12. 双离合器变速器中的离合器分为_____和_____两种。

13. 万向传动装置主要由_____、_____、_____等部分组成。

14. 驱动桥的功用是将变速器、万向传动装置传来的动力经_____、_____后,分配到左、右驱动轮,使驱动轮能够以不同的转速旋转。

15. 根据支承形式不同,现代汽车常用的半轴主要分为_____和_____两种。

16. _____是比亚迪 DM-i 超级混动实现“_____”动力架构的关键部件,采用“_____为主、_____为辅”的油电混架构。

17. 比亚迪 EHS 系统单挡直驱变速器由一台_____、一台_____、一套_____组成。

## 四、判断题

1. 正常的自动变速器油应是半透明的红色或黄色,有类似新机油的气味。　　　　　　　　　　　　　　　　　　　　　(　　)

2. 传动轴过长时,自振频率会降低,易产生共振,因此传动轴被分成的段数越多越好。　　　　　　　　　　　　　　(　　)

3. 传动轴多为实心轴,这样可以提高轴的强度。　　　　(　　)

4. 我们所说的汽车底盘实际上就是车架。　　　　　　　(　　)

5. 减速器作用是降低转速,增大转矩,改变动力的传递方向 90°。　　　　　　　　　　　　　　　　　　　　　　　(　　)

6. 一辆越野汽车尾部有 4×4 的标识,表示驱动轮为 4+4=8 个。　　(　　)

7. 纯电动汽车由于电机的起动转矩非常大,足以使静止的汽车起步并提速,因此在中小型货车和轿车上取消了变速器。　(　　)

8. 在功率确定的情况下,增大转速必定会降低转矩,反过来,减小转速就会增大转矩。　　　　　　　　　　　　　　(　　)

9. 差速器的动力传递路线是主减速器通过传动轴输送的动力再通过主动锥齿轮、从动锥齿轮、差速器壳体、行星齿轮轴、行星齿轮、半轴齿轮和半轴传递给驱动轮。　　　　　　　　　(　　)

10. 无级变速器的英文缩写为 CVT，在中、高级轿车上应用越来越多。（　　）

11. 车辆在水平路面直线行驶时，两侧驱动轮没有滑转和滑移趋势，即两侧车轮转速相等时，两侧车轮对半轴齿轮不施加任何反作用力。（　　）

12. 纯电动汽车传动系统没有万向传动装置。（　　）

13. 具备手动档汽车驾驶资质的驾驶员也可以驾驶纯电动汽车。（　　）

14. 变速器工作时发出响声是一种正常现象。（　　）

15. 自动变速器即为无级变速器。（　　）

16. 准等速万向节可以实现绝对的等角速传动。（　　）

17. 等速万向节可以克服普通十字轴式万向节存在的不等速性问题。（　　）

18. 当传动距离较远时，因传动轴过长而使自振频率降低，高速时传动轴可能会产生共振。（　　）

19. 无级变速器就是在一定范围内能线性地调节传动比，理论上相当于有无数个档位。（　　）

20. 准等速万向节是根据两个十字轴式万向节实现等速传动的原理设计而成的，可实现绝对的等角速传动。（　　）

21. 因驱动桥与车架之间是弹性连接，故普通万向传动装置不可能在任何情况下都保证等速传动，一般只是汽车满载在水平路面行驶时，近似等速。（　　）

22. 比亚迪的 EHS 系统采用八合一高度集成化设计。（　　）

23. 生活中的脚蹬式三轮车转弯性较差正是因为差速器的缺失。（　　）

24. 万向传动装置主要是通过万向节实现变角度传动的。（　　）

## 五、简答题

1. 简述新能源汽车的动力传动路线。

2. 列举传动装置在新能源汽车上的应用场景（五个方向）。

3. 减速器产生异常噪声，主要原因与排除方法是什么？

4. 采用 P610 与 P410 变速器的汽车在结构上的主要区别是什么？

5. 分别阐述比亚迪 EHS 系统串联和并联工作模式的动力传递路线。

6. 分别阐述辛普森式行星齿轮变速器和拉维娜式行星齿轮变速器的结构特点。

7. 双离合器变速器的优缺点是什么。

8. 简述混合动力汽车不传动故障的检修过程。

9. 简述自动变速器油的更换过程。

10. 简述齿轮传动的基本原理。

11. 简述万向传动装置常见故障及现象。

12. 小王打算从小张处购买一辆二手车，作为二手车鉴定师的你被小王邀请去帮忙验车。你发现该车减速器有过大修痕迹，但小张之前并没有如实告知小王。恰巧两人都与你相识，你将如何在职业道德素养与朋友情谊之间作抉择呢？

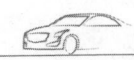

## 学习场三 新能源汽车行驶系统技术及检修

### 一、单选题

1. 采用非独立悬架的汽车，其车桥一般是（　　）
   A. 断开式
   B. 整体式
   C. A、B 选项均可
   D. 与 A、B 选项无关

2. 车轮前束是为了调整（　　）所带来的不良后果而设置的。
   A. 主销后倾角　　　B. 主销内倾角　　　C. 车轮外倾角　　　D. 车轮内倾角

3. 主销内倾角的作用除了使车轮自动回正，另一作用是（　　）。
   A. 转向操纵轻便
   B. 减少轮胎磨损
   C. 形成车轮回正的稳定力矩
   D. 提高车轮工作的安全性

4. 车轮安装在（　　）的两端。
   A. 车架　　　　　B. 悬架　　　　　C. 车桥　　　　　D. 轮辋

5. 越野汽车的前桥属于（　　）
   A. 转向桥　　　　B. 驱动桥　　　　C. 转向驱动桥　　D. 支承桥

6. （　　）主要用作辅助弹簧，或用作悬架部件的衬套及其他支承件。
   A. 钢板弹簧　　　B. 橡胶弹簧　　　C. 扭杆弹簧　　　D. 空气弹簧

7. （　　）悬架是车轮在汽车横向平面内摆动的悬架。
   A. 双横臂式　　　B. 双纵臂式　　　C. 烛式　　　　　D. 麦弗逊式

8. （　　）悬架是车轮沿摆动的主销轴线上下移动的悬架。
   A. 双横臂式　　　B. 双纵臂式　　　C. 烛式　　　　　D. 麦弗逊式

9. 轿车通常采用（　　）悬架。
   A. 独立　　　　　B. 非独立　　　　C. 平衡　　　　　D. 非平衡

10. 0-20 型轮辋的名义直径是（　　）。
    A. 7.0mm　　　　B. 20mm　　　　C. 7.0in　　　　D. 20in

11. 对轮胎磨损影响最大的因素是（　　）。
    A. 主销后倾角　　B. 推力角　　　　C. 车轮前束　　　D. 转向轴线内倾角

12. 一般轿车的车轮螺栓拧紧力矩为（　　）N·m。
    A. 10　　　　　　B. 110　　　　　C. 50　　　　　　D. 40

13. 在检查汽车的车轮螺栓时，（　　）。
    A. 目测就能判断螺栓是否紧固
    B. 应该用扭力扳手检查判断螺栓是否紧固
    C. 用脚踢就能判断螺栓是否紧固
    D. 用手摸就能判断螺栓是否紧固

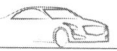

14. 前轮外倾角最大不能超过多少（      ）。

    A. 1°         B. 2°         C. 3°         D. 4°

15. 一般家用轿车前轮与后轮的胎压分别是（      ）kPa。

    A. 180，220     B. 220，180     C. 280，320     D. 320，280

## 二、多选题

1. 汽车使用的弹簧种类有（      ）。

    A. 钢板弹簧     B. 扭杆弹簧     C. 螺旋弹簧     D. 橡胶弹簧

2. 有内胎的充气轮胎由（      ）等组成。

    A. 内胎     B. 外胎     C. 轮辋     D. 垫带

3. 空气悬架系统所使用的传感器包含（      ）。

    A. 车身高度传感器         B. 转向传感器

    C. 车速传感器         D. 节气门位置传感器

4. 安装非独立悬架系统的汽车，其车身倾斜的原因有（      ）。

    A. 钢板弹簧、螺旋弹簧断裂     B. 弹簧弹力下降

    C. 弹簧刚度不一致     D. U 形螺栓松动

5. 汽车独立悬架系统，造成其常见故障的原因有（      ）。

    A. 螺旋弹簧弹力不足         B. 稳定杆变形

    C. 上、下摆臂变形         D. 各铰接点磨损、松旷

## 三、填空题

1. 检查后桥壳体内的润滑油量是否合适，其标准是油面应不低于检视孔下沿_____处。

2. 检查轴承的松紧度，其标准是可通过推动_____的方式来检查，推动时应感觉不到明显的_____。

3. 检视齿轮、轴承及各部螺栓紧固情况，其方法是_____，再拆下_____，最后_____。

4. 齿轮检修过程中，齿轮不得有疲劳性剥落，齿牙损坏不得超过齿长的_____和齿高的_____。

5. 检验半轴弯曲度的方法是将半轴夹在车床上用_____抵在半轴中间处测量，其标准是摆差不能超过_____，否则，应进行冷压校正或更换。

6. 检查轴承与轴颈的配合，其标准是主动齿轮轴颈与滚针轴承内轴颈一般为_____，与外轴颈一般为_____。

7. 代号"9.00-20"表示宽度为_____in、轮辋直径为_____in 的斜交轮胎。

8. "195/60R1485H"表示轮胎宽度是_____、扁平比是_____、轮辋直径是_____、荷重等级是_____、速度等级是_____。

9. 轿车轮胎胎面花纹深度不小于_____，载货汽车侧转向轮胎面花纹深度不小于_____，其余轮胎胎面花纹深度不小于_____。

10. 轮辋的种类有深槽轮辋、_____、半深槽轮辋、_____、平底宽轮辋、_____。

## 四、判断题

1. 主销后倾角一定都是正值。　　　　　　　　　　　　　　　　　　（　　）
2. 车轮外倾角一定大于零。　　　　　　　　　　　　　　　　　　　（　　）
3. 兼起转向和驱动作用的前桥称为转向驱动桥。　　　　　　　　　　（　　）
4. 扭杆弹簧本身的扭转刚度是可变的，所以采用扭杆弹簧的悬架刚度也是可变的。　　　　　　　　　　　　　　　　　　　　（　　）
5. 减振器与弹性元件是串联安装的。　　　　　　　　　　　　　　　（　　）
6. 减振器在汽车行驶中变热是不正常的。　　　　　　　　　　　　　（　　）
7. 减振器在伸张行程时，阻力应尽可能小，以充分发挥弹性元件的缓冲作用。　　　　　　　　　　　　　　　　　　　　　　（　　）
8. 悬架的减振器仅能起缓冲作用。　　　　　　　　　　　　　　　　（　　）
9. 非独立悬架的汽车当一侧车轮因路面不平而跳动时，另一侧车轮不会受影响。　　　　　　　　　　　　　　　　　　　　　（　　）
10. 麦弗逊式和多连杆式悬架在轿车和货车上应用广泛。　　　　　　（　　）
11. 装有电子控制悬架系统的汽车在高速行驶时，可以使车高降低，以减少空气阻力，提高操纵的稳定性。　　　　　　　　　（　　）
12. 在电子控制悬架系统中，电子控制单元根据车速传感器和转角传感器的信号，判断汽车转向时侧向力的大小和方向，以控制车身的侧倾。　　　　　　　　　　　　　　　　　　　（　　）
13. 电子控制悬架系统主要有半主动悬架和主动悬架两种。　　　　　（　　）
14. 汽车两侧车轮辐板的固定螺栓一般都采用右旋螺纹。　　　　　　（　　）
15. 车轮不平衡可能引起汽车行驶时过分的振动。　　　　　　　　　（　　）
16. 车辆在举升机上升起的位置测量轮胎压力是不规范的。　　　　　（　　）
17. 轿车的车轮螺栓拧紧力矩为 $10N \cdot m$。　　　　　　　　　　　（　　）
18. 汽车轮胎内侧磨损的原因可能是汽车在过高的车速下转弯造成的。（　　）
19. 气泡水准式定位仪由于具有结构简单、价格低廉、便于携带等优点，在国内获得广泛应用。　　　　　　　　　　　　　　（　　）
20. 钢板弹簧所使用的每片合金弹簧钢必须厚度相等。　　　　　　　（　　）

## 五、简答题

1. 简述车桥的作用及类型。

2. 简述车架的作用及类型。

3. 什么是车轮定位？

4. 简述车轮的功用及其结构组成。

5. 举例说明轮胎规格的表示方法。

6. 常见的轮胎故障有哪些？

7. 与非独立悬架相比，独立悬架具备哪些优点？

8. 常见的独立悬架有哪些类型？

9. 简述电控悬架系统的基本组成？

10. 汽车研发人员首先研发出应用于货车的非独立悬架，后来又创新地研发出
    独立悬架，这大大提高了轿车的乘坐舒适性。创新是一个民族进步的灵魂，
    作为中华民族的一份子，你在未来的工作中将如何做到创新？

## 学习场四  新能源汽车转向系统技术及检修

### 一、单选题

1. （    ）的功能是按驾驶员的意愿控制汽车的行驶方向。
   A. 转向盘　　　　　B. 车轮　　　　　C. 转向系统　　　　D. 行驶系统

2. 下列选项中，不属于转向操纵机构部件的是（    ）。
   A. 转向盘　　　　　B. 转向轴　　　　C. 转向摇臂　　　　D. 传动轴

3. 主动转向系统的电控系统采用冗余控制的（    ）个内置横向加速度传感器的偏航率传感器。
   A. 1　　　　　　　B. 2　　　　　　　C. 3　　　　　　　D. 4

4. 下列选项中，不属于转向传动机构部件的是（    ）。
   A. 梯形臂　　　　　B. 转向器　　　　C. 转向直拉杆　　　D. 转向摇臂

5. （    ）与梯形臂共同构成转向梯形机构，是转向梯形机构的底边。
   A. 转向横拉杆　　　B. 转向直拉杆　　C. 转向节臂　　　　D. 转向摇臂

6. （    ）是转向摇臂与转向节臂之间的传动部件。
   A. 转向直拉杆　　　B. 转向轴　　　　C. 转向摇臂　　　　D. 传动轴

7. （    ）是指在汽车行驶过程中，驾驶员转动转向盘时感到沉重费力，有时转弯后转向盘不易回正。
   A. 行驶跑偏　　　　B. 转向不灵敏　　C. 高速摆振　　　　D. 转向沉重

8. 四轮转向系统的核心是（    ）。
   A. 传感器　　　　　　　　　　　　B. 后轮转向执行机构
   C. 前轮转向系统　　　　　　　　　D. 电控单元（ECU）

9. 对于四轮转向系统，（    ）传感器主要作用是将汽车前进速度检测出来，以脉冲信号的形式输出，送入四轮转向系统 ECU 中。
   A. 车速　　　　　　　　　　　　　B. 车身横摆角速度
   C. 前轮转角　　　　　　　　　　　D. 后轮转角

10. 汽车动力转向系统除了驾驶员的人力外，还以（    ）作为辅助转向能源。
    A. 发动机动力　　　B. 电动机动力　　C. 液压动力　　　　D. 电子控制

11. 一般汽车转向盘的自由行程应不超过（    ），否则需要调整。
    A. 0°～5°　　　　　B. 5°～10°　　　　C. 10°～15°　　　　D. 15°～20°

12. （    ）的功用是将转向器输出的力和运动传给转向桥两侧的转向节，使两侧转向轮偏转以实现汽车转向。
    A. 转向传动机构　　　　　　　　　B. 转向操纵机构
    C. 转向器　　　　　　　　　　　　D. 转向执行机构

13. 电动动力转向系统的转向助力电动机使用的是（　　）。
    A. 三相异步电动机　　B. 永磁电动机　　C. 同步电动机　　D. 直线电动机
14. 电动动力转向系统的电动机由（　　）输出的正反转触发脉冲控制。
    A. 晶体管　　　　　　B. 电子控制单元　　C. IGBT　　　　D. 二极管
15. 电动动力转向系统的减速机构有（　　）种。
    A. 1　　　　　　　　B. 2　　　　　　　C. 3　　　　　　D. 4

## 二、多选题

1. 下列属于安全式转向柱的是（　　）
    A. 分开式转向柱　　　　　　　　　　　B. 变形收缩式转向柱
    C. 可溃缩式转向柱　　　　　　　　　　D. 所有转向柱均是
2. 电子控制动力转向系统可分为（　　）三种。
    A. 电控气压式转向系统　　　　　　　　B. 电动式动力转向系统
    C. 电控液力式转向系统　　　　　　　　D. 电动液力式转向系统
3. 汽车转向操纵机构一般由（　　）等组成。
    A. 转向盘　　　　　　　　　　　　　　B. 转向管柱（轴）
    C. 万向节　　　　　　　　　　　　　　D. 转向传动轴
4. 电动动力转向控制系统的输入信号有（　　）。
    A. 转向盘转矩信号　　　　　　　　　　B. 转向灯信号
    C. 车速信号　　　　　　　　　　　　　D. 发动机转速信号
5. 根据电动机布置位置的不同，电动动力转向系统可分为（　　）三种。
    A. 转向轴助力式　　　　　　　　　　　B. 齿轮助力式
    C. 齿条助力式　　　　　　　　　　　　D. 电动机助力式

## 三、填空题

1. 转向系统按转向动力源的不同可分为_____和_____两大类。
2. 机械转向系统主要由_____、_____和_____等部分组成。
3. 汽车转向时，车轮轴线应全部相交于一点，此相交点就是_____，由此点到外转向轮与地面接触点的距离称为汽车的_____。
4. 主动转向系统根据附加转角叠加方式的不同，可分为_____和_____。机械式中比较典型的一种是德国宝马公司和 ZF 公司联合开发的_____式主动转向系统；另一种是奥迪的_____式主动转向系统。而电子式主动转向系统应用技术的典型代表是_____。
5. 转向不灵敏时，操纵转向盘会感觉松旷范围很_____（大／小），需要用较_____（大／小）幅度转动转向盘，才能控制汽车行驶方向。
6. 四轮转向系统汽车在低速行驶转向时，依靠_____转向获得_____；而

在中、高速行驶转向时，依靠_____转向来_____。

7. 电控四轮转向系统可分为_____、_____和_____三种。目前应用最广泛的四轮转向系统是_____。

8. 四轮转向系统前轮采用_____转向系统，后轮采用_____转向系统。

9. 汽车在转向行驶时，要求车轮相对于地面作_____，否则如果有_____的成分，车轮_____会导致转向行驶阻力增大、动力损耗、油耗增加、轮胎磨损增加。

## 四、判断题

1. 四轮转向系统的后轮转向执行器在断电时可能存在回正过快而造成方向不稳的可能。 （　　）

2. 在电动式动力转向系统中，当电动机等发生故障时，电磁离合器会自动分离，这时可恢复手动控制转向。 （　　）

3. 汽车的转向系统必须由驾驶员操纵。 （　　）

4. 根据四轮转向系统汽车低速时的转向特性，一般应用在汽车急转弯、掉头行驶、避障行驶或进出车库时。 （　　）

5. 转向系统角传动比太小会导致转向沉重，所以转向系统角传动比越大越好。 （　　）

6. 由于转向盘转的圈数过多会导致操纵灵敏性变差，故转向系统角传动比不能过大。 （　　）

7. 转向盘的自由行程是指转向盘在空转阶段的角行程。在一定范围内转动转向盘时，转向节并不马上同步转动，所以必须完全消除转向盘自由行程。 （　　）

8. 汽车转向时，内侧车轮和外侧车轮滚过的距离是不等的。 （　　）

9. 转向盘除了作为转向操纵机构的一部分，其上还装有喇叭按钮、车速控制开关和安全气囊。 （　　）

10. 根据四轮转向系统汽车高速时的转向特性，其一般应用在汽车高速变换行进路线时。 （　　）

11. 应用四轮转向系统的汽车直线行驶稳定性反而会变差。 （　　）

12. 转角传感型 4WS 通过传感器判断车速，经过控制器分析后让后轮随着前轮的左右转动而进行同向偏转或反向偏转。 （　　）

13. 电动动力转向系统转向助力的工作范围局限在一定的速度区域内。 （　　）

14. 智能转向系统取消了转向中间轴，转向盘与转向车轮之间不存在机械结构上的约束，实现了在不影响转向盘总成的前提下直接控制转向执行机构的功能。 （　　）

15. 对于电动动力转向系统，左转向和右转向的助力有差异是正常现象。 （　　）

16. 用万用表直流电压挡测量转矩传感器各端子之间电压时，应将转向盘置于中间位置。 （    ）

17. 主动转向系统是指在转向盘和转向机下部小齿轮之间增加传动比可变的传动系统。 （    ）

18. 配备主动转向系统的汽车，即使系统发生故障，仍能进行转向动作，只不过其转向角度无法增加或减少，其传动比为转向机的固定传动比。 （    ）

## 五、简答题

1. 造成汽车行驶跑偏的原因有哪些？

2. 转向盘自由行程应如何检查？

3. 主动转向系统的功能是什么？

4. 如何对电动动力转向系统进行检修？

5. 汽车四轮转向系统的优点是什么？

6. 用流程图的形式说明电动动力转向系统的工作过程和工作原理。

7. 当点火开关旋转到"ON"位置时，电动动力转向装置（EPS）报警信号灯不亮。简述故障原因、排故步骤。

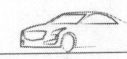

8. 对电动动力转向系统进行检修时，报出故障码 41，应如何进行检查？

9. 以车速感应型四轮转向系统为例，其工作原理是什么？

10. 汽车转向系统功能简单来说就是使汽车按照驾驶员的意愿改变行驶方向，而且需要保持行驶的稳定性，可见其重要性。路漫漫其修远兮，同样需要保证自己的人生之路始终沿着正确的方向前进，你有何方法？

## 学习场五　新能源汽车制动系统技术及检修

### 一、单选题

1. 下列不属于液压制动系统组成部分的是（　　　）。
   A. 制动踏板　　　　　　　　　　B. 液压传动装置
   C. 气压传动装置　　　　　　　　D. 真空助力器
2. 下列选项中，不属于制动轮缸组成部分的是（　　　）。
   A. 缸体　　　　B. 储液罐　　　　C. 活塞　　　　D. 弹簧
3. 汽车制动时，制动力的大小取决于（　　　）。
   A. 汽车的整备质量　　　　　　　B. 制动力矩
   C. 车速　　　　　　　　　　　　D. 轮胎与地面的附着条件
4. 下列选项中，不属于 ESP 功用的是（　　　）。
   A. 监控驾驶员的操纵动作、路面反应、汽车运动状态等
   B. 调整每个车轮的驱动力和制动力，修正汽车的转向不足和转向过度
   C. 缩短制动距离
   D. 当驾驶员操作不当，或路面状况异常时，通过警告灯闪烁的方式提醒驾驶员
5. 下列不属于循环流通式制动压力调节器组成部分的是（　　　）。
   A. 电磁阀　　　B. 低压储液罐　　　C. 电动回油泵　　D. 高压蓄能器
6. 盘式制动器是指以（　　　）作为旋转元件的制动器。
   A. 制动盘　　　B. 制动鼓　　　　C. 摩擦盘　　　　D. 车轮

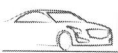 

7. ABS 中，（　　）的功用是检测车轮的运动状态，并获得车轮的转速信号，将转速信号输入电子控制单元中。

    A. ECU　　　　　　　　　　　　　B. 轮速传感器

    C. 液压调节器　　　　　　　　　　D. 制动压力调节器

8. 在汽车制动过程中，如果只是前轮制动到抱死滑移而后轮还在滚动，则汽车可能（　　）。

    A. 失去转向性能　B. 甩尾　　　　C. 正常转向　　　D. 掉头

9. 轿车广泛使用的是（　　）制动系统。

    A. 液压　　　　　B. 机械　　　　C. 气压　　　　D. 电力

10. 汽车溜车是由于（　　）系统失效。

    A. 手刹　　　　　B. 制动　　　　C. 停车　　　　D. 驻车制动

11. 宝马的 DSC、丰田的 VSC、本田的 VSA、沃尔沃的 DSTC 实质上都是（　　）。

    A. ABS　　　　　B. DSP　　　　C. ESP　　　　D. ESD

12. 在同等条件下，汽车初速度越高，制动距离（　　）。

    A. 越小　　　　　B. 越大　　　　C. 不变　　　　D. 不一定

13. （　　）是制动踏板踩下去的时候制动不起作用的那段距离。

    A. 制动踏板行程　　　　　　　　　B. 制动踏板高度

    C. 制动踏板无效行程　　　　　　　D. 制动踏板自由行程

14. 液压制动系统在使用过程中若发现进入空气或是进行维修作业之后，都应进行（　　）操作。

    A. 更换　　　　　B. 放气　　　　C. 堵漏　　　　D. 加液

15. 一般应行驶（　　）更换制动液。

    A. 4 万 km 或 4 年　　　　　　　　B. 2 万 km 或 2 年

    C. 4 万 km 或 2 年　　　　　　　　D. 6 万 km 或 2 年

16. 在汽车制动过程中，如果后轮抱死滑移，则汽车可能（　　）。

    A. 失去转向性能　B. 甩尾　　　　C. 正常转向　　　D. 掉头

17. ESP 能以（　　）次 /s 的高频率实时监控驾驶员的操控动作、路面反应、车辆运行工况，并可及时向发动机管理系统和制动系统发出指令。

    A. 10　　　　　　B. 15　　　　　C. 20　　　　　D. 25

18. EBD 使用（　　）控制方式。

    A. 机械　　　　　B. 液压　　　　C. 气压　　　　D. 电子

19. （　　）轴向和径向尺寸较小，而且制动液受热汽化的机会较少。

    A. 浮钳盘式制动器　　　　　　　　B. 定钳盘式制动器

    C. 鼓式制动器　　　　　　　　　　D. 盘式制动器

20. 盘式制动器管路液压比鼓式制动器的（　　）。

    A. 低　　　　　　B. 高　　　　　C. 相同　　　　D. 低很多

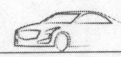

## 二、多选题

1. 人工获取 ABS 故障诊断码的途径有（　　　）。
   A. ABS 警告灯闪烁读取　　　　　　　　　B. 电子控制单元盒上的二极管灯读取
   C. 自制的发光管灯读取　　　　　　　　　D. 通过自动空调面板读取

2. 按功能不同，制动系统可分为（　　　）。
   A. 行车制动系统　　　　　　　　　　　　B. 驻车制动系统
   C. 应急（或第二）制动系统　　　　　　　D. 辅助（或安全）制动系统

3. 制动系统的常见故障有（　　　）等。
   A. 制动不灵　　　B. 制动跑偏　　　C. 制动拖滞　　　D. 制动失灵

4. 对汽车制动系统的要求主要体现在（　　　）。
   A. 制动舒适性　　　　　　　　　　　　　B. 制动效能
   C. 制动效能的恒定性　　　　　　　　　　D. 制动方向稳定性

5. 盘式制动器的优点有（　　　）。
   A. 效能较稳定　　　　　　　　　　　　　B. 热膨胀量极小
   C. 间隙自动调整容易　　　　　　　　　　D. 散热良好

6. 一般可用（　　　）测量制动盘的厚度。
   A. 卷尺　　　　　　B. 游标卡尺　　　　C. 外径千分尺　　　D. 直尺

7. 液压制动传动装置以帕斯卡定律为基础，在传力过程中对驾驶员的踏板力进行（　　　）变换，使传递到制动轮缸上的制动力（　　　）踏板力。
   A. 减小　　　　　　B. 增大　　　　　　C. 等于　　　　　　D. 大于

8. 从控制方式上分，驻车制动系统包括（　　　）。
   A. 手拉式　　　　　B. 液压式　　　　　C. 机械式　　　　　D. 电子式

9. 领从蹄式鼓式制动器是一种典型的鼓式制动器，主要由（　　　）等组成。
   A. 制动底板　　　　B. 制动轮缸　　　　C. 制动蹄　　　　　D. 制动鼓

10. 电子驻车制动主要实现的功能包括（　　　）。
    A. 停车时临时性制动　　　　　　　　　　B. 停车后长时性制动
    C. 自动驻车功能　　　　　　　　　　　　D. 行驶时制动

## 三、填空题

1. ＿＿＿＿＿＿＿又称制动总泵，其作用是将踏板输入的机械力转换成液压力。

2. 按电子系统不同，制动系统可分为＿＿＿＿＿＿＿、＿＿＿＿＿＿＿、＿＿＿＿＿＿＿、＿＿＿＿＿＿＿、和＿＿＿＿＿＿＿。

3. ＿＿＿＿＿＿＿一般装在制动踏板与制动主缸之间，为便于安装，通常与制动主缸合并为一个组件。

4. 双管路液压传动装置的布置形式主要有＿＿＿＿＿＿＿、＿＿＿＿＿＿＿两种。

5. ESP 的作用具体体现在＿＿＿＿＿＿＿、＿＿＿＿＿＿＿、＿＿＿＿＿＿＿、＿＿＿＿＿＿＿方面。

6. 盘式制动器按制动钳固定方式及结构形式的不同，可分为_____和_____两种。

7. 鼓式制动器主要由_____、_____、_____、_____等组成。

8. _____是指汽车减速或制动时，将其中一部分机械能（动能）转化为其他形式的能量进行回收，并加以再利用的技术。

9. 紧急制动时，汽车不能立即减速和停车，制动距离太长。连续制动时，制动系统也无明显减速作用。这称为_____。

10. ABS由普通的制动系统和防止车轮抱死的电子控制系统组成，其中，电子控制系统又由_____、_____、_____及ABS警告灯等组成。

11. 根据制动时两制动蹄对制动鼓的径向作用力之间的关系，鼓式制动器可分为_____、_____、_____。

12. _____是指依靠ABS电子控制单元对系统的外部电路进行自检。

13. 故障码的读取方法有_____和_____两种。

14. ESP电子控制单元（ECU）通过转向盘转角传感器、轮速传感器确定_____；通过纵向加速度传感器、横向加速度传感器及横摆角速度传感器的信息来计算_____。

15. 一般来说，气压制动的踏板自由行程在_____mm，液压制动的踏板自由行程在_____mm。

## 四、判断题

1. 鼓式制动器主要用于高档轿车。　　　　　　　　　　　　　　（　　）

2. 制动器是产生制动力的部件，其功能一般通过固定元件与旋转元件工作表面间的摩擦作用实现。　　　　　　　　　　　（　　）

3. 制动拖滞是抬起制动踏板后，全部或个别车轮的制动作用不能立即完全解除，影响了汽车重新起步、加速行驶或滑行。　（　　）

4. ASR是ABS功能的进一步发展和重要补充。　　　　　　　　（　　）

5. 电磁式轮速传感器优于霍尔式轮速传感器。　　　　　　　　（　　）

6. 为提高工作效率，汽车制动踏板自由行程仅需测量一次。　（　　）

7. 只要增大制动管路内的制动压力，就可加大制动器的制动力矩，从而制动力随之增大。　　　　　　　　　　　　　　　（　　）

8. 汽车制动的最佳状态是出现完全抱死的滑移现象。　　　　（　　）

9. 液压制动系统的管路全部为软管。　　　　　　　　　　　　（　　）

10. 驻车制动器性能可靠，使用场景简单，日常无需进行检查。　（　　）

11. 汽车ABS的工作过程主要分为"升压、保压、减压"三个阶段。（　　）

12. 当ESP检测到车辆行驶轨迹与驾驶员要求不符时，就会利用牵引力控制系统向发动机控制模块发送通信信号，请求减小发动机输出转矩。　　　　　　　　　　　　　　　　　　（　　）

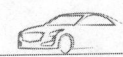

13. 汽车 EBD 利用 ABS 的功能与装置，不另外布置其他元件，
二者都属于制动系统的范畴，但是相互独立，不会同时投入工作。 （　　　）

14. GB 7258—2017《机动车运行安全技术条件》中，对不同车型
的制动距离、制动稳定性、制动减速度仅做了推荐性要求。 （　　　）

15. 盘式制动器的制动片与制动盘必须配套更换或使用。 （　　　）

16. 单回路液压制动系统仍在广泛使用。 （　　　）

17. 制动液抗水性好，吸收水分后仍可正常使用。 （　　　）

18. 轿车和货车使用的驻车制动器类型一致。 （　　　）

19. 电子驻车制动系统的工作原理与机械式驻车制动相同。 （　　　）

20. 传统汽车和新能源汽车均具备制动能量回收功能。 （　　　）

21. ESP 可由驾驶员手动关闭或开启。 （　　　）

22. 盘式制动器的缺点是制动时无助势作用、制动片磨损较快。 （　　　）

23. 拆卸盘式制动器时需要举升车辆两次。 （　　　）

24. 鼓式制动器的旋转部分为制动鼓。 （　　　）

## 五、简答题

1. 制动系统的功能有哪些？

2. 造成制动不灵的故障原因有哪些？请列举至少 5 项。

3. ABS 故障检修的流程是什么？

4. 汽车制动系统的组成有哪些？

5. 纯电动汽车"再生－液压"混合制动系统制动能量回收的工作过程是什么？

6. 制动液使用时的注意事项有哪些？

7. ASR 与 ABS 的区别是什么？

8. 制动系统的工作过程是什么？

9. 驻车制动系统的作用是什么？

10. 电子驻车制动系统的检查、调整与检修步骤是什么？

11. 简述 ABS 的常见故障现象和可能原因。

12. 汽车制动系统关系到驾乘人员的安全，作为维修人员的你责任重大，应从哪些方面保证工作万无一失呢？

## 学习场六 新能源汽车底盘线控技术及检修

### 一、单选题

1. 为了提高汽车可靠性和安全性，汽车线控系统的（ ）技术控制发挥了越来越重要的作用。

   A. 传感器　　　　B. 网络　　　　　C. 主动容错　　　D. 被动容错

2. 底盘线控技术发展历程经历了（ ）个阶段。

   A. 1　　　　　　B. 2　　　　　　C. 3　　　　　　D. 4

3. 最早将线控转向技术应用到量产车型的是（ ）。

   A. 英菲尼迪 Q50　　　　　　　　　B. 英菲尼迪 Q70

   C. 奥迪 Q5　　　　　　　　　　　D. 奥迪 Q7

4. 线控驱动系统的一大特征是采用了（ ）。

   A. 加速踏板　　　B. 线控节气门　　C. ECU 控制　　D. 伺服电动机

5. 电子机械制动系统，基于一种全新的设计理念，完全摒弃了传统制动系统的制动液及液压管路等部件，由（ ）驱动产生制动力。

   A. 电动机　　　　B. 制动器　　　　C. 制动钳　　　　D. 制动片

### 二、多选题

1. 新能源汽车线控底盘主要包括（ ）和线控悬架五大系统。

   A. 线控转向　　　　　　　　　　　B. 线控制动

   C. 线控驱动　　　　　　　　　　　D. 线控换挡

2. （ ）在燃油车时代就已经成为成熟配置。

   A. 线控转向　　　　　　　　　　　B. 线控制动

   C. 线控驱动　　　　　　　　　　　D. 线控换挡

3. 线控转向系统的转向执行模块包括（ ）。

   A. 转角传感器　　　　　　　　　　B. 转向执行电动机

   C. 转向执行电动机控制器　　　　　D. 前轮转向组件

4. 电子机械制动系统不包括（ ）。

   A. 传感器　　　　B. 制动器　　　　C. 液压部件　　　D. 制动液

5. 传统的汽车操纵方式包括（ ），其动作通过机械连接装置传递，操纵执行机构动作。

   A. 驾驶员踩制动踏板　　　　　　　B. 踩加速踏板

   C. 换挡　　　　　　　　　　　　　D. 打转向盘

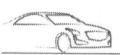

## 三、填空题

1. 线控技术是将驾驶员的操作动作经过_____转变成_____来实现传递控制，替代传统机械系统或者液压系统，并由_____直接控制执行机构以实现控制。

2. 线控转向系统主要由_____、_____和_____三个主要部分以及_____系统、_____系统等辅助模块组成。

3. 线控转向系统 ECU 对采集的信号进行分析处理，向_____电动机和_____电动机发送命令，控制两个电动机的工作，其中_____电动机完成车辆航向角的控制，_____电动机模拟产生转向盘回正力矩以保障驾驶员驾驶感受。

4. 根据工作原理的不同，线控制动控制技术分为_____和_____。

5. 与智能网联汽车的两种主要类型相匹配，线控驱动系统分为_____线控驱动和_____线控驱动两种类型。

## 四、判断题

1. 线控技术底盘比纯机械式控制的底盘各方面均更优越。 （ ）

2. 线控技术虽然适用于自动驾驶，但也面临电子软件故障所带来的隐患。 （ ）

3. 线控底盘需要自诊断、容错控制等技术，实现功能上的双重甚至多重冗余，才能保证在某一部件出现故障时仍可实现其基本功能，汽车仍然可以安全行驶。 （ ）

4. 线控制动系统已广泛应用于赛车运动。 （ ）

5. 凡是具有定速巡航功能的车辆不一定都配备有线控节气门。 （ ）

6. 宝马汽车安装的"魔毯"悬架系统、凯迪拉克汽车安装的主动电磁悬架系统，以及自适应空气悬架系统，均属于线控悬架系统的不同形式。 （ ）

7. 电子机械制动系统比电子液压制动系统更为优越。 （ ）

8. 线控驱动系统的驱动电机转矩不可调。 （ ）

## 五、简答题

1. 底盘线控技术的特点有哪些？

2. 底盘线控驱动系统的控制原理是什么？

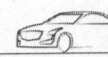

3. 底盘线控转向系统的工作原理是什么?

4. 虽然线控底盘是未来汽车发展方向之一,但是采用传统机械、液压和电气系统的汽车仍然占多数,如果你是一位汽车维修人员,你会把工作或学习重点放在哪里?为什么?

# 实训工单部分

| 场名称 | 走进新能源汽车 |
|---|---|
| 情境名称 | 新能源汽车认知 |

## 理论部分

### （一）新能源汽车分类

1. 按油电分配比例分类分为_____、_____、_____、_____。
2. 按驱动系统获取能源方式分类分为_____、_____、_____、_____、_____、_____、_____、_____。

### （二）纯电动汽车

1. 基本组成：纯电动汽车即全部采用_____的汽车，其利用_____来驱动车辆，由_____、_____和_____3个部分组成。
2. 电驱动子系统由_____、_____、_____、_____和车轮组成。
3. 能源子系统由_____、_____和_____构成。
4. 辅助控制子系统由_____、_____和_____组成。

### （三）混合动力汽车

混合动力汽车是指那些采用_____，同时配以_____来改善低速动力输出和燃油消耗的汽车。

### （四）燃料电池汽车

燃料电池汽车是指以_____、_____等为燃料，通过化学反应产生电流，依靠_____驱动的汽车。

## 实操部分

### （一）识读新能源汽车车牌

1. 新能源汽车专用车牌号码为_____位数。
2. 小型新能源汽车号牌编码规则是省份简称（_____汉字）+ 发牌机关代号（_____字母）+ 新能源汽车分类代号 + 序号（_____位），其中新能源汽车分类代号，_____代表纯电动新能源车，_____代表非纯电动新能源汽车，序号的第一位可以使用_____或者_____，后四位必须使用_____。
3. 大型新能源汽车专用号牌编码规则是省份简称（_____汉字）+ 发牌机关代号（_____字母）+ 序号（_____位）+ 新能源汽车分类代号，其中序号的_____必须使用数字，新能源汽车分类代号，_____代表纯电动新能源汽车，_____代表非纯电动新能源汽车。

### （二）识读新能源汽车识别代码

车辆识别代码由三部分组成：第一部分是_____（WMI），其按照 GB 16737—2019 规定，由_____位数字或字母组成，该代号需经申请、批准和备案后才能使用；第二部分是_____（VDS），其按 GB 16735—2019 规定，由_____位数组成，用于说明一种车辆的基本特征；第三部分是_____（VIS）。

（续）

| | | | 自评 | 互评 | 师评 | |
|---|---|---|---|---|---|---|
| 评价模块 | 评价内容 | 分值 | （30%） | （40%） | （30%） | 合计 |
| 知识<br>（40分） | 新能源汽车定义 | 10 | | | | |
| | 新能源汽车分类 | 10 | | | | |
| | 新能源汽车结构组成 | 20 | | | | |
| 能力<br>（40分） | 识读新能源汽车各种标识 | 20 | | | | |
| | 识读新能源汽车识别代码 | 20 | | | | |
| 素养<br>（20分） | 团队合作，交流沟通 | 10 | | | | |
| | 规范操作，8S 管理 | 5 | | | | |
| | 规则意识，规矩意识 | 5 | | | | |
| 合计 | | 100 | | | | |
| | 学生签名 | | 教师签名 | | | |
| | 组长签名 | | 日期 | | | |
| | 评语 | | | | | |

考评单（表格标题）

# 学习场一 学习情境二

| 场名称 | 走进新能源汽车 |
|---|---|
| 情境名称 | 新能源汽车底盘认知及高压防护 |

## 理论部分

### （一）纯电动汽车传动系统

1. 分类。根据驱动系统的组成和布置形式，纯电动汽车分为_____、_____、无差速器型及_____四种。

2. 无差速器型纯电动汽车。这种结构采用_____电机，通过_____来分别驱动两个车轮，能够实现对_____的独立调节。

3. 纯电动汽车的驱动系统。有_____和_____两种。

4. 增程式纯电动汽车。其是一种配有_____和_____的纯电动汽车（也有一种说法将其归类于混合动力汽车）。装载的电池满足日常行车的动力需要，当超出了_____时，其他动力源为电池组充电继续驱动车轮行驶。电池组可由地面_____或由_____充电。

### （二）混合动力汽车传动系统分类

1. 根据动力系统结构形式。可分为_____、并联式、_____和复合式四类。

（续）

2. 按能否外接电源进行充电。可分为_____和_____。

## （三）新能源汽车行驶系统功用

1. _____；
2. _____；
3. _____；
4. _____。

## （四）新能源汽车转向系统组成

汽车转向系统通常由_____、_____和_____三大部分组成。

## （五）新能源汽车制动系统

1. 组成。新能源汽车制动系统由_____、_____、制动供能机构（真空助力器、制动主缸、制动轮缸等）、_____（制动器）、制动指示灯（_____，_____，_____，驻车制动指示灯）等组成。

2. 分类

| 按功能分 | 按介质分 | 按伺服分 | 按电子系统分 |
|---|---|---|---|
|  |  |  |  |
|  |  |  |  |
|  |  |  |  |
|  |  |  |  |
|  |  |  |  |
|  |  |  |  |

3. 制动系统制动性能。包含_____、_____、_____等指标。

## 实操部分

## （一）依次写出图中个人防护设备的名称

_____  _____  _____  _____  _____

## （二）绝缘电阻表的选用

绝缘电阻表选用时，规定绝缘电阻表的电压等级应_____被测物的绝缘电压等级。测量额定电压在_____以下的设备或线路的绝缘电阻时，可选用 500V 或 1000V 绝缘电阻表；测量额定电压在_____以上的设备或线路的绝缘电阻时，应选用 1000～2500V 绝缘电阻表；测量绝缘端子时，应选用_____绝缘电阻表。

## （三）绝缘测试步骤

1）测试探头插入"_____"和"_____"端子。

2）将旋钮转至"_____"位置。当开关调至该位置时，仪表将启动电池负载检查。如果电池未通过测试，显示屏下部将出现"_____"符号。在_____前不能进行绝缘测试。

（续）

3）按"_____"选择电压。

4）将探头与_____连接。仪表会自动检查电路是否通电。

5）主显示位置显示"---"，直到按下_____按键，此时将获取一个有效的绝缘电阻读数。

6）如果电路电源超过_____（交流或直流），主显示区显示电压超过_____以上的警告，同时，显示高压符号，测试被禁止，必须_____。

**（四）写出图中警告标牌及禁止标识的含义**

_____  _____  _____  _____

_____  _____  _____  _____

| 考评单 | | | | | | |
|---|---|---|---|---|---|---|
| 评价模块 | 评价内容 | 分值 | 自评（30%） | 互评（40%） | 师评（30%） | 合计 |
| 知识（40分） | 新能源汽车底盘组成 | 15 | | | | |
| | 新能源汽车传动系统分类与组成 | 10 | | | | |
| | 新能源汽车行驶系统组成 | 5 | | | | |
| | 新能源汽车转向系统组成 | 5 | | | | |
| | 新能源汽车制动系统组成 | 5 | | | | |
| 能力（40分） | 识别新能源汽车底盘组成部件 | 20 | | | | |
| | 使用高压防护工具 | 10 | | | | |
| | 识读高压防护标识 | 10 | | | | |
| 素养（20分） | 团队合作，交流沟通 | 10 | | | | |
| | 规范操作，8S管理 | 5 | | | | |
| | 规则意识，规矩意识 | 5 | | | | |
| 合计 | | 100 | | | | |

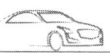 

（续）

| | 学生签名 | | 教师签名 | |
|---|---|---|---|---|
| | 组长签名 | | 日期 | |
| | 评语 | | | |

# 学习场二　学习情境一

| 场名称 | 新能源汽车传动系统技术及检修 |
|---|---|
| 情境名称 | 纯电动汽车减速驱动桥检修 |

## 理论部分

### （一）纯电动汽车减速驱动桥产生背景

纯电动汽车由于_____的起动转矩非常大，足以使_____起步并提速，因此在_____和_____取消了变速器，不再需要采用变速器将起步转矩放大，就可以轻松实现汽车起步、加速。只要控制好电机的_____即可实现电动汽车的变速，目前纯电动汽车大多采用单速变速器，也叫减速器。电机的转速通过_____来无级调节，然后通过_____、_____直接传递到前轴或后轴上，进而传递动力到驱动轮。倒车时，只要将供给电机的交流电方向_____，电机就会_____，从而驱动汽车倒退。

### （二）减速器安装位置

1. 前驱电机减速器。当纯电动汽车采用前驱形式时，减速器通常安装于_____下部，通过半轴驱动车辆的前轮行驶。目前，_____采用这种布置形式。

2. 后驱电机减速器。当纯电动汽车采用后驱形式时，减速器通常安装于后_____，通过半轴驱动车辆的后轮行驶。目前，只有_____采用此类型驱动形式。

3. 四驱双电机减速器。当电动汽车采用四轮驱动形式时，_____通常都安装有减速器，将来自前后驱动电机的动力输出给各驱动轮。如特斯拉_____。

4. 轮毂电机或轮边电机减速器。当纯电动汽车采用轮毂电机驱动时，_____整合到轮毂内，减速机构一般由_____组成，省略了_____等结构；当纯电动汽车采用轮边电机驱动时，减速器同电机安装在各_____旁边，通过_____驱动车辆。

### （三）万向传动装置的分类

1. 从速度特性角度。万向传动装置可分为_____、_____和等角速万向节。

2. 从刚度大小角度。万向传动装置可分为_____和_____。

## 实操部分

### （一）减速驱动桥的拆卸

1）抬升并适当支承车辆，拆卸_____和轮胎总成，适当支承前桥总成。

2）拆卸半轴轴承盖与前桥_____，并松开制动油管_____，使用工具拉出半轴总成。

（续）

3）拆卸壳体固定螺栓，做好_____，使得在分解后重装时零件能按原位装配，用木棒从壳体中撬起并拿下_____。

4）松开从动锥齿轮固定螺栓，拆下_____。

5）拆卸_____，用专业工具冲出_____。

6）取出行星齿轮轴、_____齿轮、_____齿轮、半轴齿轮调整垫片等。

## （二）减速器无动力传递故障诊断与排除

1）检查_____是否运转正常，若运转正常，则执行第二步；若提示驱动电机故障，则先检查驱动电机故障原因。

2）_____，将手柄挂入"N"位，松开制动踏板，平地推车，检查车辆是否可以移动。或将整车放置到升降台上，转动车轮，检查是否能转动。若车辆可以移动或车轮可以转动，则执行_____；若车辆不能移动或车轮不能转动，则执行_____。

3）拆卸驱动电机与减速器连接，检查花键_____。

4）若车辆不能移动或车轮不能转动，说明_____，减速器需返厂维修。

| 考评单 | | | | | | |
|---|---|---|---|---|---|---|
| 评价模块 | 评价内容 | 分值 | 自评<br>（30%） | 互评<br>（40%） | 师评<br>（30%） | 合计 |
| 知识<br>（40分） | 纯电动汽车减速驱动桥的组成 | 10 | | | | |
| | 主减速器分类、组成 | 10 | | | | |
| | 差速器分类、组成 | 10 | | | | |
| | 万向节分类、组成 | 5 | | | | |
| | 传动轴分类与布置形式 | 5 | | | | |
| 能力<br>（40分） | 拆卸与维护纯电动汽车减速驱动桥 | 10 | | | | |
| | 拆装纯电动汽车减速器 | 10 | | | | |
| | 检修差速器 | 10 | | | | |
| | 拆装与检修万向传动装置 | 10 | | | | |
| 素养<br>（20分） | 团队合作，交流沟通 | 10 | | | | |
| | 规范操作，8S管理 | 5 | | | | |
| | 规则意识，规矩意识 | 5 | | | | |
| 合计 | | 100 | | | | |
| | 学生签名 | | | 教师签名 | | |
| | 组长签名 | | | 日期 | | |
| | 评语 | | | | | |

# 学习场二　学习情境二

| 场名称 | 新能源汽车传动系统技术及检修 |
|---|---|
| 情境名称 | 混合动力汽车传动系统检修 |

## 理论部分

### （一）写出图中部件的名称

1：_____ 2：_____ 3：_____ 4：_____ 5：_____

6：_____ 7：_____ 8：_____ 9：_____ 10：_____

11：_____ 12：_____ 13：_____

### （二）丰田混合动力系统的电机 MG1 与 MG2

丰田混合动力系统的电机 MG1、MG2 是_____。该装置可高效地产生_____，同时可任意控制_____和产生的_____。另外它还拥有_____、_____、_____等特点，具有优秀的动力性能，可进行顺畅地起动、加速等各种操作。MG1 主要用于_____，MG2 主要作为_____，2 个电机均可以作为_____和_____。

### （三）丰田混合动力系统工作过程

1._____ 2._____ 3._____ 4._____

5._____ 6._____ 7._____ 8._____

### （四）宝马 X6 混合动力汽车主动变速器工作过程

#### 4 个固定基本挡位的主要特点

| 基本档位 | 接合的片式离合器 | 备注 |
|---|---|---|
| 1 | | 可以实现最大强度的助推功能。电机和内燃机的动力都传输到变速器输出轴上 |
| 2 | | 同样需要在两个 ECVT 模式间进行切换 |
| 3 | | 直接档位用于最大变速器效率 |
| 4 | | 超速档位用于较高车速。电机 B 处于静止状态 |

### （五）比亚迪 DM-i 混动系统变速器的工作模式

1._____ 2._____ 3._____ 4._____ 5._____

（续）

| 实操部分 |
|---|

**（一）轮速传感器故障的诊断与排除**

1. 确认故障现象。打开_____，仪表上_____点亮，车辆无法行驶，踩加速踏板没有反应。

2. 执行高压断电作业。关闭_____，断开蓄电池_____，等待 5min 以上，断开直流母线，使用万用表验电，确保母线电压低于_____。

3. 利用故障诊断仪诊断故障。测量蓄电池电压为_____后，连接_____，打开起动开关，进入车辆诊断系统，读取整车数据后，读取_____。车辆下电后，清除_____，再次_____，使用故障诊断仪再次读取故障码，查看相关_____，分析故障原因。

4. 故障检测。

1）将变速杆置于_____位。读取数据流，确定变速杆位置传感器的状态，正常情况下变速杆位置传感器（PNB、PR、P）应接通，变速杆位置传感器（_____、_____、N、R）应断开。

2）将变速杆置于_____位。读取数据流，确定变速杆位置传感器的状态，正常情况下变速杆位置传感器（PR、R）应接通，变速杆位置传感器（_____、_____、N、P）应断开。

3）将变速杆置于"N"位。读取数据流，确定变速杆位置传感器的状态，正常情况下变速杆位置传感器（PNB、N）应接通，变速杆位置传感器（PR、_____、_____、R、P）应断开。

4）将变速杆置于_____位。读取数据流，确定变速杆位置传感器的状态，正常情况下变速杆位置传感器（_____、DB2）应接通，变速杆位置传感器（_____、PR、R、P）应断开。

5）将变速杆置于"B"位。读取数据流，确定变速杆位置传感器的状态，正常情况下变速杆位置传感器（PNB、DB1、_____）应接通，变速杆位置传感器（_____、R、P）应断开。

**（二）自动变速器油的检查与更换**

1. 自动变速器油的检查。检查液面高度时，可采用_____或_____。可用油尺检查法检查的自动变速器壳体上都配有油尺，可通过其上的刻度标记进行检查。正常的自动变速器油应是_____，有类似_____气味。

2. 自动变速器油的更换

1）举升汽车，拆下_____下护板，将合适的接油容器放在_____下方。

2）拆下_____，将油液放出，拆下_____，并将其清洗干净。

3）装好_____，使用新衬垫安装放油螺栓。

4）移走接油容器后将汽车放下，取出_____并擦拭干净。

5）将自动变速器加注漏斗固定在_____上，加注_____、规定牌号的自动变速器油。

6）起动发动机，检查_____。新加注的油液温度较低，液面高度应在下限位附近。

7）运行发动机和自动变速器至正常工作温度，再次检查液面高度，应在_____附近。

8）若液面高度过高，应把油放掉一些。

| 考评单 | | | | | | |
|---|---|---|---|---|---|---|
| 评价模块 | 评价内容 | 分值 | 自评<br>（30%） | 互评<br>（40%） | 师评<br>（30%） | 合计 |
| 知识<br>（40分） | 混合动力驱动桥的组成与工作过程 | 20 | | | | |
| | 宝马混合动力主动变速器的<br>组成与工作过程 | 10 | | | | |
| | 比亚迪 DM-i 混动系统变速器的<br>工作模式 | 10 | | | | |

（续）

| | | | | | |
|---|---|---|---|---|---|
| 能力<br>（40分） | 实操电子变速杆系统功能 | 10 | | | |
| | 混合动力汽车不传动故障的检修 | 10 | | | |
| | 检查与更换自动变速器油 | 10 | | | |
| | 检修自动变速器各类故障 | 10 | | | |
| 素养<br>（20分） | 团队合作，交流沟通 | 10 | | | |
| | 规范操作，8S 管理 | 5 | | | |
| | 规则意识，规矩意识 | 5 | | | |
| 合计 | | 100 | | | |
| | 学生签名 | | 教师签名 | | |
| | 组长签名 | | 日期 | | |
| | 评语 | | | | |

## 学习场三　学习情境一

| 场名称 | 新能源汽车行驶系统技术及检修 |
|---|---|
| 情境名称 | 车轮与轮胎检修 |

**理论部分**

**（一）车桥分类**

（1）按悬架结构。车桥可分为_____和_____两种，其中_____车桥的中部是刚性实心或空心梁，与非独立悬架配用；_____车桥为活动关节式结构，与独立悬架配用。

（2）按车桥上车轮的作用。可分为_____、_____、_____、支持桥四种。

**（二）轮胎规格的表示方法**

轮胎的规格可用_____$D$、_____$d$、断面宽 $B$ 和断面高 $H$ 的名义尺寸代号表示。轮胎断面高度 $H$ 与宽度 $B$ 之比称为轮胎的_____（以百分比表示），也称为轮胎的_____。

**（三）四轮定位**

为了保证汽车直线行驶的_____和操纵的_____，减少轮胎和其他机件的磨损，_____、_____和前轴三者与车架的安装应保持一定的相对位置关系，这种安装位置关系称为_____，也称前轮定位，主要包括_____、主销后倾、_____及_____四个参数。

**（四）胎压监测系统功能**

1. _____。
2. _____。
3. _____。
4. _____。

（续）

| 实操部分 |
|---|

**胎压监测系统功能试验**

1. 确认故障现象。起动车辆，观察仪表胎压指示灯是否显示正常的_____。

2. 利用故障诊断仪诊断故障。连接故障诊断仪，打开_____，进入_____，读取整车数据后，进入_____，读取故障码与数据流。车辆下电后，清除故障码，再次_____，使用故障诊断仪再次读取故障码，判断_____，查看相关电路图，分析故障原因。

3. 故障检测。检测蓄电池电压正常，根据故障码所指元件，依据_____，测量电路正常后可判断元件损坏，应修理或更换。TPMS故障排除后要将_____，清除系统故障码也用故障诊断仪来完成，按操作提示进行即可。

4. 检查胎压监测系统黄色警告灯点亮。

（1）警告灯正常点亮。在点火开关运行到（RUN）位置时，进行_____，点亮胎压监测故障警告灯3s，然后熄灭，表示系统正常。如果检测到轮胎气压不正确并记忆故障码，警告灯将持续点亮。

（2）警告灯不亮。组合仪表灯泡检查中，胎压警告灯不亮且监视系统未设置故障码。

1）检查诊断系统是否完成自检。

2）用专用仪器进行_____动作测试。

3）指示灯不亮，检查仪表板组件及灯泡线路。如指示灯亮，检查_____。

（3）警告灯常亮。在经过仪表板组合仪表灯泡检查后，胎压警告灯不熄灭。

1）点火开关置于运行（RUN）位置，按下_____，胎压警告灯应熄灭。

2）如果警告灯不熄灭。检查车身控制模块是否记忆_____，如是，检查轮胎气压。

3）如不记忆故障码，检查_____。

5. 胎压监测系统初始化

1）按照规定调整所有轮胎胎压。

2）打开_____。

3）按压复位开关或按钮。

4）_____。

| 考评单 | | | | | | |
|---|---|---|---|---|---|---|
| 评价模块 | 评价内容 | 分值 | 自评<br>（30%） | 互评<br>（40%） | 师评<br>（30%） | 合计 |
| 知识<br>（40分） | 车架、车桥、车轮组成与分类 | 10 | | | | |
| | 轮胎组成与规格表示方法 | 10 | | | | |
| | 四轮定位的主要参数 | 10 | | | | |
| | 胎压监测系统功能、结构与工作过程 | 10 | | | | |
| 能力<br>（40分） | 拆装汽车车轮 | 10 | | | | |
| | 轮胎故障检修能力 | 10 | | | | |
| | 四轮定位检测 | 10 | | | | |
| | 胎压监测系统功能试验 | 10 | | | | |
| 素养<br>（20分） | 团队合作，交流沟通 | 10 | | | | |
| | 规范操作，8S管理 | 5 | | | | |
| | 规则意识，规矩意识 | 5 | | | | |
| 合计 | | 100 | | | | |

（续）

| 学生签名 | | 教师签名 | |
|---|---|---|---|
| 组长签名 | | 日期 | |
| 评语 | | | |

## 学习场三　学习情境二

| 场名称 | 新能源汽车行驶系统技术及检修 |
|---|---|
| 情境名称 | 悬架系统检修 |
| **理论部分** | |

### （一）悬架功用

1. ＿＿＿＿＿＿＿＿＿＿＿＿＿＿＿＿＿＿＿＿＿＿＿＿＿＿＿＿＿＿＿。
2. ＿＿＿＿＿＿＿＿＿＿＿＿＿＿＿＿＿＿＿＿＿＿＿＿＿＿＿＿＿＿＿。
3. ＿＿＿＿＿＿＿＿＿＿＿＿＿＿＿＿＿＿＿＿＿＿＿＿＿＿＿＿＿＿＿。

### （二）悬架组成

汽车悬架一般由＿＿＿＿＿＿＿、＿＿＿＿＿＿＿、＿＿＿＿＿＿＿等组成。

### （三）弹性元件

弹性元件使＿＿＿＿＿＿＿＿与＿＿＿＿＿＿＿之间做弹性连接，可以缓和由于不平路面带来的冲击，并承受和传递＿＿＿＿＿＿＿＿，其可分为＿＿＿＿＿＿＿、＿＿＿＿＿＿＿、扭杆弹簧和＿＿＿＿＿＿＿。

### （四）写出下列示意图中悬架的名称

a）＿＿＿＿＿＿＿＿　b）＿＿＿＿＿＿＿＿　c）＿＿＿＿＿＿＿＿　d）＿＿＿＿＿＿＿＿　e）＿＿＿＿＿＿＿＿

### （五）电控悬架

1. 功能。＿＿＿＿＿＿＿、＿＿＿＿＿＿＿、＿＿＿＿＿＿＿。
2. 电控悬架系统使用的传感器包括＿＿＿＿＿＿＿、＿＿＿＿＿＿＿、车速传感器、＿＿＿＿＿＿＿、＿＿＿＿＿＿＿和控制开关等。
3. 工作模式。＿＿＿＿＿＿＿、＿＿＿＿＿＿＿、＿＿＿＿＿＿＿、＿＿＿＿＿＿＿。

（续）

| 实操部分 |
|---|

**电控悬架系统检修**

**1. 利用故障诊断仪诊断故障**

连接故障诊断仪，打开起动开关，进入_____，读取整车数据后，进入底盘电控悬架模块读取_____。车辆下电后，清除故障码，再次_____，使用故障诊断仪再次_____，判断底盘电控悬架系统状态，查看_____，分析故障原因。

**2. 故障检测**

检测_____正常，根据故障码所指元件，依据电路图测量电路正常后，可判断元件损坏，应更换，不能修理。电控悬架系统故障排除后要将_____清除，清除系统故障码也用故障诊断仪来完成，按操作提示进行即可。

1）检测_____供电。

2）检测_____供电。

3）检测_____供电。

4）检测_____供电。

| 考评单 | | | | | | |
|---|---|---|---|---|---|---|
| 评价模块 | 评价内容 | 分值 | 自评（30%） | 互评（40%） | 师评（30%） | 合计 |
| 知识（40分） | 悬架系统组成与分类 | 10 | | | | |
| | 弹性元件、减振器的组成与工作过程 | 10 | | | | |
| | 典型非独立悬架与典型独立悬架 | 10 | | | | |
| | 电控悬架的功能、分类与工作过程 | 10 | | | | |
| 能力（40分） | 减振器的装配与检修 | 10 | | | | |
| | 非独立悬架系统故障诊断 | 10 | | | | |
| | 独立悬架系统故障诊断 | 10 | | | | |
| | 电控悬架系统故障诊断 | 10 | | | | |
| 素养（20分） | 团队合作，交流沟通 | 10 | | | | |
| | 规范操作，8S管理 | 5 | | | | |
| | 规则意识，规矩意识 | 5 | | | | |
| 合计 | | 100 | | | | |
| | 学生签名 | | 教师签名 | | | |
| | 组长签名 | | 日期 | | | |
| | 评语 | | | | | |

![学习场三 学习情境三]

| 场名称 | 新能源汽车行驶系统技术及检修 |
|---|---|
| 情境名称 | 巡航控制系统检修 |

## 理论部分

### （一）定速巡航系统

1. 组成。新能源汽车定速巡航系统主要由_____、_____、巡航控制组件和_____等部分组成。

2. 工作过程。当整车控制器（VCU）接收到驾驶员_____后，通过车速传感器、控制开关信号等信号判断_____，当车辆符合定速巡航开启条件时，向电机控制器（MCU）发送执行指令，使车辆维持_____。当车速_____设定时速时，驱动电机将_____以维持设定时速。当车速_____设定时速时，电机控制器（MCU）将限制_____输出，从而使车辆时速稳定在设置时速范围内。

3. 功能。定速巡航系统具有巡航定速、_____、_____等功能。

### （二）自适应巡航控制系统

安装在车头的_____会感应出前方车辆。电子控制系统测出两车间距，同时自行计算前方路程的_____和_____，并判断应保持的最小车距。由 ACC 对发动机（_____）、变速器和_____进行控制。

## 实操部分

### （一）定速巡航系统使用注意事项

1）巡航系统在以下情况不应该开启：_____或不适宜的路面，如_____、_____、盘山路等。

2）车辆_____定速巡航系统不能保持速度的恒定，因为重力会使车速不断增加，这时需要_____。

3）定速巡航车速调节时，因系统执行需一定响应时间，不会立即_____。

4）当车辆处于定速巡航状态时，驾驶员要时刻关注周边路况，随时做好_____的准备。

### （二）定速巡航系统检修

1. 故障诊断。连接_____，打开起动开关，进入车辆诊断系统，读取整车数据后，进入车身控制模块，读取_____。车辆下电后，_____，再次上电后，使用故障诊断仪再次_____，判断定速巡航系统状态，查看_____，分析故障原因。

2. 故障检测。检测_____，根据故障码所指元件，依据电路图选取巡航开关项目，拨动_____，观察数据流变化，数据流变化不符合开关相应动作，则巡航开关及_____故障。测量电路正常后可判断元件损坏，应修理或更换。定速巡航系统故障排除后要将_____，清除系统故障码也用故障诊断仪来完成，按操作提示进行即可。

### （三）定速巡航系统操作

1）找到定速巡航系统操作杆，一般安装在_____和仪表盘处等方便驾驶员操作的地方。

2）定速巡航在车速达到_____或以上时才能使用，将定速巡航操纵杆上的开关拨到"_____"位置。

3）开关拨到"ON"后，按下定速巡航操纵杆调速开关"_____"，巡航系统开始工作。调节巡航操纵杆调速开关上的"_____"或"_____"可以进行巡航车速的调整，设定不同的巡航车速。

4）调节定速巡航操纵杆开关，将巡航开关拨到"_____"可以关闭巡航设置。另外踩下制动踏板可以_____。

（续）

| 考评单 | | | | | | |
|---|---|---|---|---|---|---|
| 评价模块 | 评价内容 | 分值 | 自评（30%） | 互评（40%） | 师评（30%） | 合计 |
| 知识（40分） | 定速巡航系统功能、组成与工作原理 | 20 | | | | |
| | 自适应巡航控制系统功能、组成与工作原理 | 20 | | | | |
| 能力（40分） | 定速巡航系统使用注意事项 | 10 | | | | |
| | 定速巡航系统检修 | 30 | | | | |
| 素养（20分） | 团队合作，交流沟通 | 10 | | | | |
| | 规范操作，8S管理 | 5 | | | | |
| | 规则意识，规矩意识 | 5 | | | | |
| 合计 | | 100 | | | | |
| | 学生签名 | | 教师签名 | | | |
| | 组长签名 | | 日期 | | | |
| | 评语 | | | | | |

## 学习场四　学习情境一

| 场名称 | 新能源汽车转向系统技术及检修 |
|---|---|
| 情境名称 | 电动动力转向系统检修 |
| 理论部分 | |

**（一）电动动力转向系统**

1. 组成：_____、_____、_____、_____、_____、_____。

2. 分类：_____、_____、_____。

3. 工作原理：当操纵_____时，装在转向轴上的_____不断测出转向轴上的_____，并由此产生一个_____。该信号与_____同时输入电子控制单元，电子控制单元根据这些输入信号进行_____，确定助力转矩的_____，即选定电动机的_____，调整转向的助力。电动机的转矩由_____通过减速机构_____后，加在汽车的转向机构上，使之得到一个与工况相适应的_____。

**（二）减速机构**

1. 一种是采用_____与_____组合式。

2. 一种是采用_____与_____组合式。

**（三）转向助力电动机**

转向助力电动机就是一般的_____，电动机的_____通过控制其输入电流来实现，而电动机的_____和_____则是由电子控制单元输出的正反转触发脉冲控制。

（续）

## 实操部分

### （一）电动动力转向系统各部件的检查

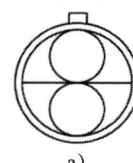 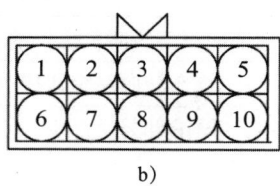 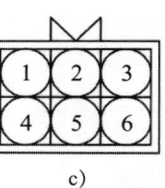

a)　　　　　　　　　b)　　　　　　　　　c)

1. 从转向器总成上拔下转矩传感器插接器，其端子排列如图_____所示。
2. 从转向器上断开电磁离合器插接器，其端子排列如图_____所示。
3. 从转向器上断开电动机插接器，其端子排列如图_____所示。
4. 拔开车速传感器插接器，其端子排列如图_____所示。

### （二）电动动力转向系统的故障类型（列举两种）

1. _____。
2. _____。

### （三）故障警告灯检查

当点火开关处于_____位置时，故障警告灯应点亮，发动机起动后警告灯熄灭为正常。警告灯_____，应检查灯泡是否损坏，熔丝和导线是否断路。若发动机起动后，警告灯仍亮时，先考虑系统_____（只有常规转向工作，无电动助力），后进行_____。

## 考评单

| 评价模块 | 评价内容 | 分值 | 自评（30%） | 互评（40%） | 师评（30%） | 合计 |
|---|---|---|---|---|---|---|
| 知识（40分） | 电动动力转向系统组成 | 10 | | | | |
| | 电动动力转向系统分类、工作原理 | 10 | | | | |
| | 零部件的结构与功能 | 20 | | | | |
| 能力（40分） | 各部件的检查 | 20 | | | | |
| | 故障码的检查与排除 | 10 | | | | |
| | 动力转向系统排故 | 10 | | | | |
| 素养（20分） | 团队合作，交流沟通 | 10 | | | | |
| | 规范操作，8S管理 | 5 | | | | |
| | 规则意识，规矩意识 | 5 | | | | |
| 合计 | | 100 | | | | |

| | 学生签名 | | 教师签名 | |
|---|---|---|---|---|
| | 组长签名 | | 日期 | |
| | 评语 | | | |

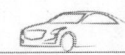

# 学习场四　学习情境二

| 场名称 | 新能源汽车转向系统技术及检修 |
|---|---|
| 情境名称 | 汽车转向系统新技术 |

## 理论部分

### （一）主动转向系统

　　1. 定义。主动转向系统是指在_____和_____之间增加传动比可变的传动系统。在液压转向系统中，传动比控制的目的是实现累加一个_____（也称并行角）。若系统采用液压转向，可变传动比结构的具体位置可在_____上，也可在转向机转阀下部、小齿轮的上部。

　　2. 功能。_____、_____、_____。

　　3. 分类。根据附加转角叠加方式的不同，可分为_____和_____。机械式中比较典型的一种是德国宝马公司和ZF公司联合开发的_____主动转向系统（Active Front Steering，AFS），装备于部分宝马3系列和5系列轿车上。另一种是奥迪的主动转向系统（奥迪称其为动态转向系统）。而电子式主动转向系统应用技术的典型代表是_____。

### （二）四轮转向系统

　　1. 低速时的转向特性。两轮转向时，_____在后轴的延长线上；四轮转向时，转向中心比_____更靠近车辆，即_____。汽车在低速转向行驶时，依靠逆向转向（_____相反）获得较小的转向半径，改善汽车的操纵性，并且偏转角度应随转向盘转角增大而_____。

　　2. 高速时的转向特性。汽车在中、高速行驶转向时，依靠_____（前、后车轮的转角方向_____）减小汽车的横摆运动，使汽车可以高速变换行进路线，提高转向时的操纵稳定性。如汽车通过不大的弯道或汽车变道时，使汽车_____和横摆角速度大为减小，使汽车高速行驶的_____显著提高。

　　3. 组成。四轮转向系统前轮采用_____，后轮采用_____。其结构主要由前轮转向系统、ECU、_____、_____等组成。

　　4. 工作原理。转向时，传感器采集的前轮转角、车速、_____等信号送入4WS电控单元（ECU），ECU将实时监控汽车运动状态，根据参数和控制策略分析计算_____，并向步进电动机输出_____，通过后轮转向机构驱动后轮偏转以适应_____，实现四轮转向。

　　5. 失效保护功能。如果四轮转向ECU检测到系统_____，将使系统转换到失效保护状态。在这种状态下，仪表板上的_____常亮，警告驾驶员ECU存入故障码，以便于检测维修。同时，控制ECU切断_____，后轮自动回到中间位置，汽车自动进入_____，保证汽车以两轮转向系统安全行驶。为防止后轮转向执行器断电时回正过快而造成方向不稳，ECU在使系统进入保护状态的同时，会_____，使回正弹簧缓慢地将后转向横拉杆推回到_____。

## 实操部分

### 记录转向角

　　1. 当车速达到35km/h时，后轮转向角度为_____。

　　2. 当车速大于35km/h时，后轮转向与前轮方向相同，其角度随车速上升逐渐_____。

（续）

| 考评单 | | | | | | |
|---|---|---|---|---|---|---|
| 评价模块 | 评价内容 | 分值 | 自评（30%） | 互评（40%） | 师评（30%） | 合计 |
| 知识（60分） | 主动转向系统功能与分类 | 20 | | | | |
| | 四轮转向系统的转向特性与分类 | 20 | | | | |
| | 四轮转向系统的组成与工作原理 | 20 | | | | |
| 能力（20分） | 识别四轮转向系统零部件 | 20 | | | | |
| 素养（20分） | 团队合作，交流沟通 | 10 | | | | |
| | 规范操作，8S管理 | 5 | | | | |
| | 规则意识，规矩意识 | 5 | | | | |
| 合计 | | 100 | | | | |
| | 学生签名 | | 教师签名 | | | |
| | 组长签名 | | 日期 | | | |
| | 评语 | | | | | |

## 学习场五　学习情境一

| 场名称 | 新能源汽车制动系统技术及检修 |
|---|---|
| 情境名称 | 制动器检修 |
| **理论部分** | |

### （一）写出图中部件的名称

1:＿＿＿＿＿＿＿　2:＿＿＿＿＿＿＿

3:＿＿＿＿＿＿＿　4:＿＿＿＿＿＿＿

5:＿＿＿＿＿＿＿　6:＿＿＿＿＿＿＿

7:＿＿＿＿＿＿＿

### （二）盘式制动器的优缺点

　　盘式制动器的优点：一般无摩擦助势作用，因而制动器效能受摩擦系数的影响较小，即＿＿＿＿＿＿＿；浸水后效能降低较少，而且只须＿＿＿＿＿＿＿即可恢复正常；较容易实现＿＿＿＿＿＿＿自动调整，其他保养修理作业也较简便；因为制动盘外露，还有＿＿＿＿＿＿＿的优点。

（续）

（三）写出双向双领蹄式制动器各部件的名称

1：＿＿＿＿＿＿＿

2：＿＿＿＿＿＿＿

3：＿＿＿＿＿＿＿

4：＿＿＿＿＿＿＿

（四）鼓式制动器的分类

1：＿＿＿＿＿ 2：＿＿＿＿＿ 3：＿＿＿＿＿ 4：＿＿＿＿＿ 5：＿＿＿＿＿ 6：＿＿＿＿＿

## 实操部分

（一）盘式制动器的拆卸

1. 打开车门，安装车内防护＿＿＿＿＿＿；打开发动机舱盖，安装＿＿＿＿＿＿、进气格栅布；放置＿＿＿＿＿＿（双柱举升机不需要放置）；拧松＿＿＿＿＿＿（注意对角拧松）；举升车辆离开地面。

2. 拆下车轮螺栓，＿＿＿＿＿＿（注意车轮应尽量放置在车轮架上）；举升车辆至高位；拆卸＿＿＿＿＿＿与＿＿＿＿＿＿联接螺栓；用工具撬动＿＿＿＿＿＿，压回制动轮缸活塞。

3. 取下＿＿＿＿＿＿，并可靠放置（可用挂钩挂起），拆卸＿＿＿＿＿＿，拆卸＿＿＿＿＿＿的固定螺栓，取下制动轮缸支架，拆下制动盘。

（二）盘式制动器的检修

1. 清除＿＿＿＿＿＿及沟槽处的脏物，可用抹布擦拭，砂纸打磨；检查制动片＿＿＿＿＿＿；分解消音片与摩擦片，在消音片正反面涂上＿＿＿＿＿＿；将消音片与制动摩擦片组装在一起。

2. 检查磨损指示器钢片有无＿＿＿＿＿＿、磨损、脏污；如有锈蚀和脏物，应清洁干净；检查制动盘及其表面是否＿＿＿＿＿＿，可用抹布擦拭干净；检查制动盘及其表面是否＿＿＿＿＿＿，可使用砂纸打磨制动盘表面，注意，打磨时的痕迹可以是无方向性的，但打磨痕迹应＿＿＿＿＿＿。

（三）盘式制动器的测量

1. 用＿＿＿＿＿＿或＿＿＿＿＿＿测量制动片的厚度，在制动片的＿＿＿＿＿＿三处进行测量，制动摩擦片厚度参考值是＿＿＿＿＿＿，磨损极限是＿＿＿＿＿＿。

2. 用＿＿＿＿＿＿或＿＿＿＿＿＿测量制动盘的厚度，可在距离制动盘外边缘＿＿＿＿＿＿位置每隔＿＿＿＿＿＿°，选取三处进行测量，然后取平均值，若要更为准确，可在距离制动盘外边缘＿＿＿＿＿＿位置每隔＿＿＿＿＿＿°，选取四处进行测量，最后取平均值。测量前，应对外径千分尺进行零位校准。

3. 安装车轮螺栓并紧固，用百分表测量制动盘的＿＿＿＿＿＿，安装＿＿＿＿＿＿，并用磁性表座＿＿＿＿＿＿，测量时百分表的测杆应垂直于＿＿＿＿＿＿，测量点宜选取距离制动盘外边缘位置，先将百分表校零，再用手（或用扭力扳手）转动制动盘，观察百分表指针的摆动，一般应不超过＿＿＿＿＿＿，部分车型不超过＿＿＿＿＿＿即可。

（四）盘式制动器故障所引起的制动系统故障类型

1：＿＿＿＿＿＿＿＿＿＿＿＿＿＿＿＿＿＿＿＿＿＿＿＿＿＿＿＿＿＿＿＿＿＿＿＿＿＿＿＿＿＿＿＿

2：＿＿＿＿＿＿＿＿＿＿＿＿＿＿＿＿＿＿＿＿＿＿＿＿＿＿＿＿＿＿＿＿＿＿＿＿＿＿＿＿＿＿＿＿

3：＿＿＿＿＿＿＿＿＿＿＿＿＿＿＿＿＿＿＿＿＿＿＿＿＿＿＿＿＿＿＿＿＿＿＿＿＿＿＿＿＿＿＿＿

4：＿＿＿＿＿＿＿＿＿＿＿＿＿＿＿＿＿＿＿＿＿＿＿＿＿＿＿＿＿＿＿＿＿＿＿＿＿＿＿＿＿＿＿＿

5：＿＿＿＿＿＿＿＿＿＿＿＿＿＿＿＿＿＿＿＿＿＿＿＿＿＿＿＿＿＿＿＿＿＿＿＿＿＿＿＿＿＿＿＿

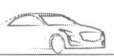

（续）

## （五）制动不灵故障

1. 故障现象：_____。
2. 诊断原因：_____、_____、_____。
3. 排故方法：_____、_____、_____。

## （六）制动蹄衬片厚度的检查

测量前，应使用抹布或纸巾清除制动蹄上的_____和_____。用游标卡尺测量制动蹄片的厚度，标准值为_____，使用极限为_____，其铆钉与摩擦片的表面深度不得小于_____，以免铆钉头刮伤制动鼓内表面。

| 考评单 | | | | | | |
|---|---|---|---|---|---|---|
| 评价模块 | 评价内容 | 分值 | 自评（30%） | 互评（40%） | 师评（30%） | 合计 |
| 知识（40分） | 盘式制动器组成 | 10 | | | | |
| | 盘式制动器工作过程 | 5 | | | | |
| | 盘式制动器优缺点 | 5 | | | | |
| | 鼓式制动器组成 | 10 | | | | |
| | 鼓式制动器工作过程 | 5 | | | | |
| | 鼓式制动器优缺点 | 5 | | | | |
| 能力（40分） | 盘式制动器拆装 | 10 | | | | |
| | 盘式制动器测量 | 5 | | | | |
| | 盘式制动器检修 | 5 | | | | |
| | 鼓式制动器拆装 | 10 | | | | |
| | 鼓式制动器测量 | 5 | | | | |
| | 鼓式制动器检修 | 5 | | | | |
| 素养（20分） | 团队合作，交流沟通 | 10 | | | | |
| | 规范操作，8S 管理 | 5 | | | | |
| | 规则意识，规矩意识 | 5 | | | | |
| 合计 | | 100 | | | | |
| | 学生签名 | | 教师签名 | | | |
| | 组长签名 | | 日期 | | | |
| | 评语 | | | | | |

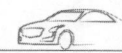

# 学习场五　学习情境二

| 场名称 | 新能源汽车制动系统技术及检修 |
|---|---|
| 情境名称 | 液压制动系统检修 |

## 理论部分

### （一）写出图中部件的名称

1:＿＿＿＿　2:＿＿＿＿　3:＿＿＿＿
4:＿＿＿＿　5:＿＿＿＿　6:＿＿＿＿
7:＿＿＿＿　8:＿＿＿＿　9:＿＿＿＿
10:＿＿＿＿　11:＿＿＿＿　12:＿＿＿＿
13:＿＿＿＿　14:＿＿＿＿　15:＿＿＿＿
16:＿＿＿＿　17:＿＿＿＿

### （二）制动液的型号

1:＿＿＿＿　2:＿＿＿＿　3:＿＿＿＿　4:＿＿＿＿

### （三）制动液使用时的注意事项

1. ＿＿＿＿＿＿＿＿＿＿＿＿＿＿＿＿＿＿＿＿＿。
2. ＿＿＿＿＿＿＿＿＿＿＿＿＿＿＿＿＿＿＿＿＿。
3. ＿＿＿＿＿＿＿＿＿＿＿＿＿＿＿＿＿＿＿＿＿。

### （四）分类与组成

1. 双回路液压制动系统按照布置形式可分为＿＿＿＿和＿＿＿＿两种。
2. 常见的制动轮缸可分为＿＿＿＿、＿＿＿＿、＿＿＿＿等形式。
3. 制动管路由＿＿＿＿和＿＿＿＿组成，其功能是＿＿＿＿。

## 实操部分

### （一）制动主缸的检修（图1）

1. 检查＿＿＿＿2和＿＿＿＿4，其表面不得有＿＿＿＿和＿＿＿＿。
2. 用＿＿＿＿1测量＿＿＿＿B。
3. 测量＿＿＿＿C，并计算出内孔与活塞之间的＿＿＿＿A。

### （二）制动轮缸（单活塞）的拆卸与检修（图2）

1. 取下＿＿＿＿4，用＿＿＿＿1顶住＿＿＿＿2，以防止损坏活塞。
2. 从＿＿＿＿3上的进油孔处用压缩空气将＿＿＿＿2从＿＿＿＿3里吹出。
3. 用＿＿＿＿5取出＿＿＿＿4。
4. 用＿＿＿＿3测量＿＿＿＿4的＿＿＿＿，如图3所示。
5. 计算出＿＿＿＿与＿＿＿＿的配合间隙，看是否符合限值要求。

（续）

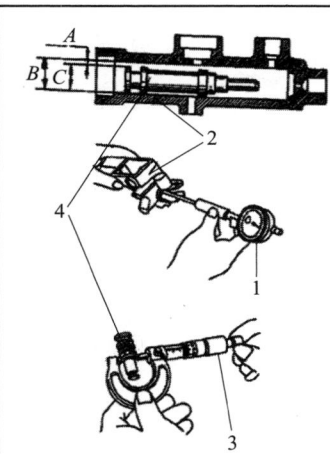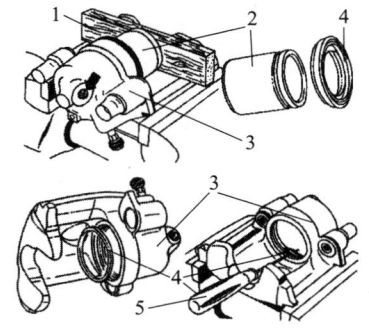

图1 制动主缸的检修　　图2 制动轮缸的拆卸　　图3 制动轮缸的检修

| 评价模块 | 评价内容 | 分值 | 自评（30%） | 互评（40%） | 师评（30%） | 合计 |
|---|---|---|---|---|---|---|
| 考评单 | | | | | | |
| 知识（40分） | 液压制动系统布置形式 | 10 | | | | |
| | 制动主缸组成 | 10 | | | | |
| | 制动轮缸组成 | 10 | | | | |
| | 制动液型号及适用范围 | 10 | | | | |
| 能力（40分） | 制动主缸检修 | 10 | | | | |
| | 制动轮缸检修 | 10 | | | | |
| | 制动液的更换 | 10 | | | | |
| | 制动管路检查 | 10 | | | | |
| 素养（20分） | 团队合作，交流沟通 | 10 | | | | |
| | 规范操作，8S管理 | 5 | | | | |
| | 规则意识，规矩意识 | 5 | | | | |
| 合计 | | 100 | | | | |

| 学生签名 | | 教师签名 | |
|---|---|---|---|
| 组长签名 | | 日期 | |
| 评语 | | | |

# 学习场五 学习情境三

| 场名称 | 新能源汽车制动系统技术及检修 |
|---|---|
| 情境名称 | 真空助力系统检修 |

## 理论部分

### （一）写出叶片式真空泵的部件名称

1:＿＿＿＿＿＿＿

2:＿＿＿＿＿＿＿

3:＿＿＿＿＿＿＿

### （二）真空助力系统分类

　　1:＿＿＿＿＿＿　　　2:＿＿＿＿＿＿　　　3:＿＿＿＿＿＿

### （三）电动真空助力系统工作原理

　　电动真空泵根据＿＿＿＿＿＿反馈给ESC控制模块的真空度信号，控制真空泵的启动和＿＿＿＿＿＿时间。当真空度低于＿＿＿＿＿＿时，ESC控制模块使真空泵启动；当真空度高于＿＿＿＿＿＿时，真空泵停止工作；当真空度低于＿＿＿＿＿＿时，系统报警。

### （四）混合动力汽车电子制动控制系统（ECB）组成

　　1:＿＿＿＿　2:＿＿＿＿　3:＿＿＿＿　4:＿＿＿＿　5:＿＿＿＿　6:＿＿＿＿

## 实操部分

### （一）真空助力器拆卸步骤

　　1.＿＿＿＿＿＿＿＿＿＿＿＿＿＿＿＿＿＿＿＿＿＿＿＿＿＿＿＿＿＿＿＿＿＿＿＿＿＿。

　　2.＿＿＿＿＿＿＿＿＿＿＿＿＿＿＿＿＿＿＿＿＿＿＿＿＿＿＿＿＿＿＿＿＿＿＿＿＿＿。

　　3.＿＿＿＿＿＿＿＿＿＿＿＿＿＿＿＿＿＿＿＿＿＿＿＿＿＿＿＿＿＿＿＿＿＿＿＿＿＿。

　　4.＿＿＿＿＿＿＿＿＿＿＿＿＿＿＿＿＿＿＿＿＿＿＿＿＿＿＿＿＿＿＿＿＿＿＿＿＿＿。

### （二）电动真空泵拆卸步骤

　　1.＿＿＿＿＿＿＿＿＿＿＿＿＿＿＿＿＿＿＿＿＿＿＿＿＿＿＿＿＿＿＿＿＿＿＿＿＿＿。

　　2.＿＿＿＿＿＿＿＿＿＿＿＿＿＿＿＿＿＿＿＿＿＿＿＿＿＿＿＿＿＿＿＿＿＿＿＿＿＿。

　　3.＿＿＿＿＿＿＿＿＿＿＿＿＿＿＿＿＿＿＿＿＿＿＿＿＿＿＿＿＿＿＿＿＿＿＿＿＿＿。

　　4.＿＿＿＿＿＿＿＿＿＿＿＿＿＿＿＿＿＿＿＿＿＿＿＿＿＿＿＿＿＿＿＿＿＿＿＿＿＿。

　　5.＿＿＿＿＿＿＿＿＿＿＿＿＿＿＿＿＿＿＿＿＿＿＿＿＿＿＿＿＿＿＿＿＿＿＿＿＿＿。

　　6.＿＿＿＿＿＿＿＿＿＿＿＿＿＿＿＿＿＿＿＿＿＿＿＿＿＿＿＿＿＿＿＿＿＿＿＿＿＿。

　　7.＿＿＿＿＿＿＿＿＿＿＿＿＿＿＿＿＿＿＿＿＿＿＿＿＿＿＿＿＿＿＿＿＿＿＿＿＿＿。

　　8.＿＿＿＿＿＿＿＿＿＿＿＿＿＿＿＿＿＿＿＿＿＿＿＿＿＿＿＿＿＿＿＿＿＿＿＿＿＿。

（续）

| 考评单 | | | | | | |
|---|---|---|---|---|---|---|
| 评价模块 | 评价内容 | 分值 | 自评<br>（30%） | 互评<br>（40%） | 师评<br>（30%） | 合计 |
| 知识<br>（40分） | 汽车真空助力系统分类 | 10 | | | | |
| | 真空助力器结构组成 | 10 | | | | |
| | 电动真空助力系统组成及工作原理 | 10 | | | | |
| | 混合动力汽车制动助力系统<br>结构及工作原理 | 10 | | | | |
| 能力<br>（40分） | 测试真空助力器性能 | 10 | | | | |
| | 拆装真空助力器 | 10 | | | | |
| | 检修与拆装电动真空泵 | 20 | | | | |
| 素养<br>（20分） | 团队合作，交流沟通 | 10 | | | | |
| | 规范操作，8S管理 | 5 | | | | |
| | 规则意识，规矩意识 | 5 | | | | |
| 合计 | | 100 | | | | |
| | 学生签名 | | | 教师签名 | | |
| | 组长签名 | | | 日期 | | |
| | 评语 | | | | | |

## 学习场五　学习情境四

| 场名称 | 新能源汽车制动系统技术及检修 |
|---|---|
| 情境名称 | 电控制动系统检修 |
| **理论部分** | |

**（一）写出图中部件的名称**

1:＿＿＿＿＿＿　　2:＿＿＿＿＿＿

3:＿＿＿＿＿＿　　4:＿＿＿＿＿＿

5:＿＿＿＿＿＿　　6:＿＿＿＿＿＿

7:＿＿＿＿＿＿　　8:＿＿＿＿＿＿

9:＿＿＿＿＿＿

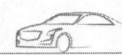

（续）

### （二）ABS 的优点
1. _____。
2. _____。
3. _____。
4. _____。
5. _____。

### （三）按控制通道及传感器数分类
1. 按控制通道数可分为_____、_____、_____和_____；按传感器数可分为_____和_____；

2. 控制通道是指能够_____的制动管路。如果一个车轮的制动压力占用_____，可以进行_____，则称为独立控制。如果两个车轮的制动压力是_____，则称为一同控制。

### （四）写出图中部件的名称

| | |
|---|---|
| 1:_____ | 2:_____ |
| 3:_____ | 4:_____ |
| 5:_____ | 6:_____ |
| 7:_____ | 8:_____ |

### （五）系统组成
1. ASR 一般由传感器（_____、_____、减速度传感器等）、ASR_____、执行器（_____、副节气门驱动装置）三大部分组成。

2. EBD 系统由_____、ECU 和_____三部分组成。

**实操部分**

### （一）轮速传感器故障的诊断与排除
1. 轮速传感器线路问题导致的间歇性故障：将车辆停稳，用_____查看轮速数据，同时晃动_____，或踩住_____，左右转动_____，特别是要在_____。如果轮速数据出现跳变，说明轮速传感器线路存在_____故障（注意此方法只对_____轮速传感器有效）。

2. 使用万用表进行测量，断开 ABS 控制单元，从 ABS 控制单元插接器的_____测量整个轮速传感器回路的电阻。正常情况下电阻为_____左右，如果线路没有虚接，电阻是不会跳变的。在观察电阻值的同时，晃动_____，如果电阻值出现_____，说明线路存在虚接。

3. 检测轮速传感器的_____是判断其好坏最有效的方法。磁电式轮速传感器可以使用_____直接测量其_____是否处于正常范围，而霍尔式和磁阻式轮速传感器需要使用_____来测量其_____。

（续）

**（二）故障码诊断与排除**

ABS 具有_____和_____功能，当点火开关处于_____位置时，电子控制单元将会自动地对_____、_____、_____进行静态测试，若 ABS 电子控制单元发现系统中存在故障，则电子控制单元会以_____的形式储存记忆故障情况，并持续点亮_____，当汽车的速度达到一定值时，ABS 电子控制单元还要对系统中的一些电器元件进行_____，如果发现系统中有故障存在，电子控制单元会以_____的形式存储记忆故障情况。

**（三）ASR 与 ESP 故障诊断的检修方法**

1. _____，可以发现比较明显的故障。
2. 检查管路和制动器有无_____现象。
3. 检查所有_____、_____是否完好，插接是否_____。
4. 检查电子控制单元和_____总成。
5. 检查传感器及_____，检查_____电压是否在规定范围内。

| 考评单 | | | | | | |
|---|---|---|---|---|---|---|
| 评价模块 | 评价内容 | 分值 | 自评（30%） | 互评（40%） | 师评（30%） | 合计 |
| 知识（40分） | ABS 组成 | 5 | | | | |
| | ABS 工作过程 | 10 | | | | |
| | ABS 主要零部件 | 10 | | | | |
| | ASR 功能与组成 | 5 | | | | |
| | ESP 功能与组成 | 5 | | | | |
| | EBD 功能与组成 | 5 | | | | |
| 能力（40分） | ABS 常见故障的检查 | 10 | | | | |
| | ABS 故障灯常亮检修 | 10 | | | | |
| | 轮速传感器检修 | 10 | | | | |
| | ESP 系统故障诊断 | 10 | | | | |
| 素养（20分） | 团队合作，交流沟通 | 10 | | | | |
| | 规范操作，8S 管理 | 5 | | | | |
| | 规则意识，规矩意识 | 5 | | | | |
| 合计 | | 100 | | | | |
| | 学生签名 | | 教师签名 | | | |
| | 组长签名 | | 日期 | | | |
| | 评语 | | | | | |

## 学习场五　学习情境五

| 场名称 | 新能源汽车制动系统技术及检修 |
|---|---|
| 情境名称 | 驻车制动系统检修 |

### 理论部分

**（一）写出图中部件的名称**

1: _____  2: _____
3: _____  4: _____
5: _____  6: _____
7: _____

**（二）电子驻车制动系统（EPB）**

　　EPB 工作原理与机械式驻车制动相同，均是通过_____与_____产生的摩擦力来达到控制停车制动，只是控制方式从之前的_____变成_____，其主要功能包括_____、_____、_____。

### 实操部分

**（一）驻车制动器蹄鼓间隙的调整**

　　将拉杆上的_____拧开，将_____放松到最前端，拧动拉杆上的_____。将调整螺母拧紧，蹄鼓间隙会_____；将调整螺母拧松，蹄鼓间隙会_____。

**（二）制动装置的调整与检修**

　　1. 调整：松开驻车_____，用力踩压制动踏板_____，然后将驻车制动操纵杆拉紧_____，转动拉杆上的_____，直到用手不能转动后轮为止。当放松驻车制动操纵杆后，两后轮应能_____。

　　2. 检修：拉索一边是_____，检查其_____，如已松弛，应更换；检查其磨损情况，如磨损严重，应更换；检查其是否_____，如有应更换或解除_____；检查锁止机构中的_____和_____，如有磨损或断齿情况，应及时更换。

### 考评单

| 评价模块 | 评价内容 | 分值 | 自评（30%） | 互评（40%） | 师评（30%） | 合计 |
|---|---|---|---|---|---|---|
| 知识（40分） | 机械驻车制动系统组成 | 10 | | | | |
| | 驻车制动系统分类 | 10 | | | | |
| | EPB 结构与功能 | 10 | | | | |
| | EPB 工作原理 | 10 | | | | |

（续）

| | | | | | |
|---|---|---|---|---|---|
| 能力<br>（40分） | 机械驻车制动系统检查 | 10 | | | |
| | 机械驻车制动系统调整 | 10 | | | |
| | EPB 检查与调整 | 10 | | | |
| | EPB 电路图识读 | 10 | | | |
| 素养<br>（20分） | 团队合作，交流沟通 | 10 | | | |
| | 规范操作，8S 管理 | 5 | | | |
| | 规则意识，规矩意识 | 5 | | | |
| 合计 | | 100 | | | |
| | 学生签名 | | 教师签名 | | |
| | 组长签名 | | 日期 | | |
| | 评语 | | | | |

## 学习场五　学习情境六

| 场名称 | 新能源汽车制动系统技术及检修 |
|---|---|
| 情境名称 | 制动能量回收系统检修 |
| **理论部分** | |

### （一）纯电动汽车制动能量回收系统

1. 功能：制动能量回收系统配合机械制动，能够提高电动汽车制动系统的_____、和_____，同时增加_____。

2. 分类：根据储能方式不同，分为_____、_____和_____。

3. 组成：再生制动部分主要包含_____（主减速器、变速器）、_____、电机控制器（_____、_____）、能量储存系统（电池）和再生制动控制器（_____、_____）等。

4. "再生－液压"混合制动系统结构与工作过程：在不改变原有液压机械摩擦制动系统的基础上，由_____提供一定的制动力矩于_____，在不影响制动过程的条件下完成制动能量回收。在汽车需要_____时，制动踏板提供制动信号，电动泵使制动液增压产生所需的制动力，并将信号传递到_____。_____根据汽车运行状况及其他控制模块的状态，确定电动汽车上的再生制动力矩和前后轮上的液压制动力，决定是否进行_____，并分配能量回收制动力矩的大小，_____再发出指令控制电能转换器中各功率开关的操作，实现电机的再生制动。

### （二）混合动力汽车制动能量回收系统

在电子控制制动器中，_____与_____不是通过液压管路直接连接，而是通过_____向液压能量供给源发出相应指令，使对应于制动能量回收制动强度的液压传递到相应_____。

（续）

## 实操部分

### （一）制动能量回收系统调节开关电路图识读

　　吉利 EV450 型轿车制动能量回收系统调节开关电路图：通过室内熔丝继电器盒内熔丝 IF06（10A）和_____对驾驶模式开关提供常电和_____，通过插接器_____的 2 号和 5 号端子经_____搭铁，经插接器 IP100 的 10 号端子至背光亮度调节开关，驾驶模式调整信息和制动能量回收等级调整信息通过_____的 4 号和 3 号端子经 P-CAN 与 MCU、_____、_____等控制单元进行通信。

### （二）制动能量回收系统故障诊断与排除

　　1._____。打开起动开关，操作制动能量回收操作按钮，观察车辆仪表是否可以正常显示，观察驾驶模式开关背景灯是否正常点亮。

　　2._____。关闭起动开关，断开蓄电池负极，并可靠放置，等待_____以上，对高压电容器进行放电，断开直流母线，使用万用表测量电压，确保母线电压小于 50V。

　　3._____。测量蓄电池电压为正常后，连接故障诊断仪，打开起动开关进入车辆诊断系统，读取整车数据后，进入相关控制模块，读取故障码与数据流。车辆下电后，清除故障码，_____，使用故障诊断仪再次读取故障码，判断驾驶模式开关状态，查看相关电路图，分析故障原因。

　　4._____。一是检测_____；二是检测驾驶模式开关插接器线路；三是检测_____。

## 考评单

| 评价模块 | 评价内容 | 分值 | 自评（30%） | 互评（40%） | 师评（30%） | 合计 |
|---|---|---|---|---|---|---|
| 知识（40分） | 制动能量回收系统的功能与组成 | 20 | | | | |
| | 制动能量回收系统的工作过程与回收方法 | 10 | | | | |
| | 混合动力汽车制动能量回收系统的工作过程 | 10 | | | | |
| 能力（40分） | 识读制动能量回收系统调节开关电路图 | 20 | | | | |
| | 诊断与排除制动能量回收系统故障 | 20 | | | | |
| 素养（20分） | 团队合作，交流沟通 | 10 | | | | |
| | 规范操作，8S 管理 | 5 | | | | |
| | 规则意识，规矩意识 | 5 | | | | |
| 合计 | | 100 | | | | |
| | 学生签名 | | 教师签名 | | | |
| | 组长签名 | | 日期 | | | |
| | 评语 | | | | | |

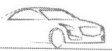

## 学习场六　学习情境一

| 场名称 | 新能源汽车底盘线控技术及检修 |
|---|---|
| 情境名称 | 新能源汽车底盘线控技术认知 |

### 理论部分

**（一）线控技术的核心组成**

　　1._____　2._____　3._____　4._____

**（二）汽车底盘线控的组成**

　　1._____　2._____　3._____　4._____　5._____

**（三）线控转向系统的发展历程**

　　汽车的转向系统经历了机械转向系统、_____、电控液压助力转向系统、_____、_____的发展过程。

**（四）底盘线控技术的特点**

　　1._____。
　　2._____。
　　3._____。
　　4._____。
　　5._____。

### 实操部分

**底盘线控驱动系统功能测试**

　　1. 车辆防护。安装_____、_____，确认变速杆置于空挡，驻车制动操纵杆拉起。打开前机舱盖，安装车外三件套。

　　2. 起动汽车，使汽车处于_____状态。

　　3. 由于节气门在发动机内部不容易观察，所以通过_____实时读取发动机的相关参数来验证节气门的改变。

　　4. 将故障诊断仪连接到汽车_____上，读取当前的发动机相关参数，记录到实训工单上。

　　5. 学生轻踩_____，使其处于一定位置后，再次读取相关参数，记录到实训工单上。

　　6. 通过数据的对比来验证_____的改变情况进而完成本次实训。

### 考评单

| 评价模块 | 评价内容 | 分值 | 自评（30%） | 互评（40%） | 师评（30%） | 合计 |
|---|---|---|---|---|---|---|
| 知识（40分） | 线控技术 | 10 | | | | |
| | 底盘线控技术的组成 | 10 | | | | |
| | 底盘线控技术的应用 | 20 | | | | |
| 能力（40分） | 识别底盘线控系统组件 | 20 | | | | |
| | 测试底盘线控系统性能 | 20 | | | | |

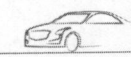

（续）

| | | | | |
|---|---|---|---|---|
| 素养<br>（20分） | 团队合作，交流沟通 | 10 | | |
| | 规范操作，8S管理 | 5 | | |
| | 规则意识，规矩意识 | 5 | | |
| 合计 | | 100 | | |
| | 学生签名 | | 教师签名 | |
| | 组长签名 | | 日期 | |
| | 评语 | | | |

## 学习场六 学习情境二

| 场名称 | 新能源汽车底盘线控技术及检修 |
|---|---|
| 情境名称 | 典型底盘线控系统检修 |

### 理论部分

**（一）写出图中部件的名称**

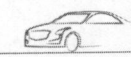

1: ＿＿＿＿＿＿＿＿

2: ＿＿＿＿＿＿＿＿

3: ＿＿＿＿＿＿＿＿

4: ＿＿＿＿＿＿＿＿

**（二）线控转向系统的工作原理**

　　当＿＿＿＿＿＿转动时，＿＿＿＿＿＿和＿＿＿＿＿＿将测量到的驾驶员转矩和转向盘的转角转变成电信号输入＿＿＿＿＿＿，＿＿＿＿＿＿依据车速传感器和安装在转向传动机构上的角位移传感器的信号来控制＿＿＿＿＿＿的旋转方向，并根据转向力模拟生成＿＿＿＿＿＿，同时控制转向执行电动机的＿＿＿＿＿＿、＿＿＿＿＿＿和旋转角度，通过机械转向装置控制转向轮的＿＿＿＿＿＿，使汽车沿着驾驶员期望的轨迹行驶。

（续）

**（三）写出电子机械制动系统（EMB）结构示意图中的部件名称**

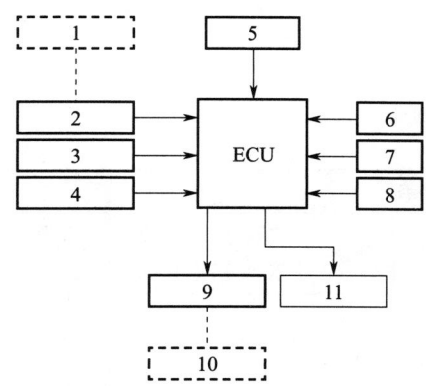

1：_____ 　　2：_____

3：_____ 　　4：_____

5：_____ 　　6：_____

7：_____ 　　8：_____

9：_____ 　　10：_____

11：_____

**（四）写出混动 / 燃油汽车线控驱动系统原理示意图中的部件名称**

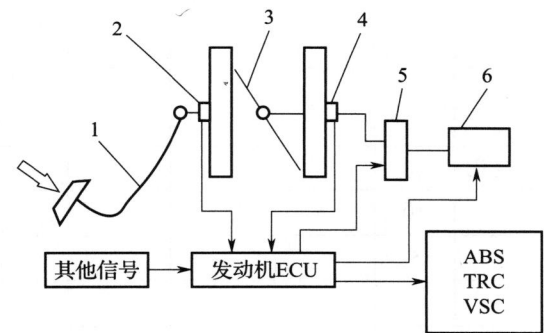

1：_____ 　　2：_____

3：_____ 　　4：_____

5：_____ 　　6：_____

## 实操部分

**（一）线控转向系统安装**

1）取下转向机，安装_____转向机固定螺栓。

2）安装转向节锥形固定螺栓，左右分别_____。

3）使用_____固定 6 颗固定螺栓将转向子系统与安装台紧固。

4）用_____将转向轴与子系统固定。

5）安装_____。

6）使用_____快速安装轮胎螺栓。

7）使用棘轮或硬质连杆与_____配合，按照对角_____的顺序将轮胎螺母拧紧（_____圈）。

**（二）控制驱动电机工作**

1）下拉控制摇杆进入_____。

2）将挡位切换至"_____"位。

3）松开控制摇杆使其恢复到_____。

4）上推控制摇杆，驱动电机进入_____。

5）缓慢下拉控制摇杆，对驱动车轮进行制动。

6）将挡位切换至"_____"位。

（续）

7）下拉控制摇杆进入_____。

8）将挡位切换至"_____"位。

9）松开控制摇杆使其恢复到中位。

10）上推控制摇杆，驱动电机进入_____。

11）缓慢下拉控制摇杆，对驱动车轮进行制动。

12）将挡位切换至"_____"位。

| 考评单 | | | | | | |
|---|---|---|---|---|---|---|
| 评价模块 | 评价内容 | 分值 | 自评<br>（30%） | 互评<br>（40%） | 师评<br>（30%） | 合计 |
| 知识<br>（40分） | 线控转向系统的结构组成与工作原理 | 10 | | | | |
| | 线控制动系统的结构组成与工作原理 | 20 | | | | |
| | 线控驱动系统的结构组成与工作原理 | 10 | | | | |
| 能力<br>（40分） | 线控转向系统拆装 | 10 | | | | |
| | 转向系统线控信号<br>故障诊断与排除 | 10 | | | | |
| | 制动系统线控信号<br>故障诊断与排除 | 10 | | | | |
| | 控制驱动电机工作和调整驱动转矩变化 | 10 | | | | |
| 素养<br>（20分） | 团队合作，交流沟通 | 10 | | | | |
| | 规范操作，8S管理 | 5 | | | | |
| | 规则意识，规矩意识 | 5 | | | | |
| 合计 | | 100 | | | | |
| | 学生签名 | | 教师签名 | | | |
| | 组长签名 | | 日期 | | | |
| | 评语 | | | | | |